あなたらしく導きなさい

MY LIFE IN LEADERSHIP
by Frances Hesselbein

Japanese translation rights arranged
with John Wiley & Sons International Rights, Inc., New Jersey
through Tuttle-Mori Agency, Inc., Tokyo

私の旅を助けてくれた、すべての人に心から感謝する。

本文では多くの名前を挙げたが、それをはるかに超える人々が、私の人生に恵みをもたらしてくれた（たとえば世界中のキャンパスや教室で出会った無数の若者たち。彼らはいつも私に新しい活力と希望を与えてくれる）。名前を挙げたか否かにかかわらず、私は本書を世界中の彼らにささげる。

彼らは、私たちの未来だ。

序文

ジム・コリンズ

二〇〇七年一〇月、私は閉ざされた会議室で、フランシス・ヘッセルバインとともに座っていた――それは文字どおり防弾の部屋で、窓はなく、壁には地図がかけられていた。

私たちがここノースカロライナ州のフォートブラッグに来たのは、第八二空挺師団の将官たちとすごすためだ。テーブルの向こうには、司令官のロイド・J・オースチン三世将軍が座っていた。三万五〇〇〇人の兵士を統率する彼は、身長一九五センチ、体重九〇キロ超の屈強な男で、戦功をたたえるシルバースター勲章の受勲者だった。落ち着きと静かなたたずまいが、彼の威厳をいっそう引き立たせていた。その両隣には、准将と少将が十数人、それに数人の大佐が座っていた。全員がイラクやアフガニスタンでの実戦経験者だ。

オースチン将軍はこの日を、自分の部隊がイラクに再派遣される前の最後の「仕上げ」と位置づけていた。彼の部隊がイラクに派遣されるのは、これで三度目だ。またもや家族を残して戦地に向かわなければならない部下のために、彼らを鼓舞するような特別なことがしたい。かなうものなら、フランシス・ヘッセルバインにリーダーシップの講義をしてもらえないものか――そう考えた将軍は、私に電話をかけると、将官たちがフランシスと話せるように、フォートブラッグまで一緒に来てほしいと頼んだ。

そして迎えたのがこの日だ。会議はオースチン将軍のひと声ではじまった。「今日は幸運にも、アメリカの偉大なリーダーのひとり、フランシス・ヘッセルバイン氏をお招きすることができた」。会場が静まると、私はリーダーシップに関する質問をフランシスに投げかけた。

フランシスは、ガールスカウト米国連盟を復活させたリーダーであり、「米国最高のマネジャー」として、ビジネスウィーク誌の表紙を飾った人物でもある。一方、会場に集まっていたのは、戦闘機から飛び降り、大隊を率いることを生涯の仕事に選んだ、百戦錬磨の将官たちだった。彼らの肩には、何千人もの若い男女の命がかかっていた。ビジネスにおけるリーダーシップの失敗は金銭的損失を意味するが、軍隊におけるリーダーシップの失敗は、命の喪失を意味する。

フランシスが話しはじめると、将官たちは丸二時間にわたって彼女の話にくぎ付けになった。フランシスは身長一六〇センチにも満たない小柄な女性だが、その姿はジェダイの騎士の集団に知恵を授けるヨーダのごとく堂々としていた。話が終わると、将官たちの間から自然に歓声が沸き起こった。

相手が誰だろうと、フランシスが話をするときはいつもこうだ。フォーチュン五〇〇企業のCEOだろうと、篤志家、大学生、ソーシャルセクター（非営利組織）のリーダー、あるいは前線で指揮を執る将官だろうと、フランシスは同じように影響を与える。言葉ではなく、自らの存在によって相手を奮い立たせ、教えるのだ。

リーダーシップとは、何をするかではなく、何者であるかの問題だと彼女は言う。どんな価値観を持ち、何に奉仕しているのか？ 何が毎朝あなたを目覚めさせ、あなたが触れるすべてのものや人に、ポジティブなエネルギーを注ぎ込むのか？ 彼女は米国陸軍の「Be Know Do（どうあるべきか／何を知るべきか／何をするべきか）」の考え方を心の底から信じている。未来に待ち受けている試練は、誰にも予測できない。だとすれば、リーダーシップを発揮するためにまずしなければならないことは、人格を磨くことだ。それ以外のことはすべて、その過程で習得できる。

フランシスは本書で、自分自身の物語を語っている。それは、彼女がその高潔な人柄を獲得するまでの人生の旅路だ。本書には、今の彼女をつくりあげたもの、たとえば「奉仕することは生きることである」という信念を彼女に刻みこんだ、家族の物語も描かれている。多くの偉大なリーダーと同様に、彼女も自分から望んでリーダーになったわけではなかった。父親が死んだとき、彼女は家族に対する責任を引き受けるために学校を辞めた。そして後年、ペンシルベニア州ジョンズタウンでガールスカウトの支部を率いることになる。そのときのいきさつはこうだ。

ある日、支部のメンバーが彼女をランチに誘い、こう言った。「タルスロック・ガールスカウトの新しいリーダーにふさわしい人を見つけたよ」

「すごいじゃない」とフランシスは声を弾ませた。「誰なの？」

「きみだよ、フランシス」

「まさか。私はボランティアよ。そんな大役、引き受けられないわ」

「僕らは、きみが適任だと思う」。二人は食い下がった。

「わかったわ」。彼女は根負けして言った。「六カ月だけよ。その間に本物のリーダーを探しましょう」

その六年後、彼女はペンシルベニアを離れ、ガールスカウト米国連盟のCEOとなり、結局は一三年にわたってCEOを務めることになった。

フランシスは、六四年に及ぶガールスカウト史上初の現場出身のCEOであり、この組織の劇的な転換を率いた人物である。当時、ガールスカウト米国連盟では八年連続で会員が減っていた。会員数の減少を食い止め、上昇に転じさせること、それが彼女に託された使命だった。ＣＥＯを引き受けるときに、フランシスの頭にあったのは、組織の「頂点」に君臨することではなく、自分よりも大きな大義に仕えることだった。彼女の偉大な功績のひとつは、ガールスカウトを人種や文化を問わず、移民を含め、すべての少女（黒人、白人、ラテンアメリカ系、ネイティブアメリカン、イヌイットなど）が自分の居場所だと感じられる場所にしたことだ。彼女のリーダーシップのもとで、ガールスカウトは勢いを盛り返し、会員数は二二五万人、スタッフ数は七八万人（その大部分はボランティア）に達した。しかも彼女は、自分が去ったあともガールスカウトが繁栄をつづけ、会員とボランティアを増やし、多様性を高められるようにした。

同連盟を辞した後は、友人でありメンターでもあったピーター・ドラッカーに触発され、「非営利組織経営のためのピーター・Ｆ・ドラッカー財団（現リーダー・トゥ・リーダー・インスティテュート）」を設立し、初代の理事長兼ＣＥＯに就任した。その二〇年間に、フランシスはリーダーシップを発揮するだけでなく、人々に教え、企業やソーシャルセクターにリーダーシップを啓蒙する組織を率いることで、自らのリーダーシップを三倍に拡大した。

私は長年、非営利組織やフォーチュン五〇〇企業、政府、慈善団体、軍、学校など、さまざまな組織のリーダーと仕事をしているが、フランシスほどめざましい成果を上げている人はいない。そのたぐいまれな貢献が認められて、一九九八年には米国市民に与えられる最高の栄誉である大統領自由勲章を授与された。

思うに、人はみな「正の誘発性（引きつける力）」か「負の誘発性（遠ざける力）」のいずれかを発しているのではないだろうか。正の誘発性を発している人が部屋に入ってくると、自然に部屋のエネルギーが高まる。私にとってフランシスは、「二倍の正の誘発性」の持ち主だ。彼女といると、いつもエネルギーをもらえる。たとえるならヒト型の充電器に自分をつなぐような感覚だ。

以前、彼女とじっくり話をする機会があったとき、リーダーシップの重荷にどう耐えているのか、どうやってエネルギーを保っているのかとたずねたことがある。そのとき彼女は、「重荷？」と困惑したような顔で言った。「重荷だなんて、まさか。リーダーシップは重荷じゃない。特権よ」

「でも、リーダーシップを発揮するためのエネルギーをどうやって維持しているんですか。誰にだって限界はあるのに、あなたが限界に達したところなど見たことがない」

「何であれ、与えられた仕事がエネルギーをくれるの。大きな使命であればあるほど、与えられるエネルギーも大きい。エネルギーはいつも、私の外側からやってくるのよ」

これこそ、フランシスが自らの生き方を通じて教えてくれるリーダーシップの極意ではないだろうか。

リーダーシップを求められると、その求めに応じて自分のエネルギーが高まり、持てる力を効果的に発揮できるようになる。その結果、さらに責任ある仕事をまかされ、その求めに応じて、さらにエネルギーが高まる——。天命に素直にしたがう人、奉仕することを、人生の負担ではなく人生そのものと見なす人は、おのずと巨大な自己強化の好循環をはじめるのだ。

私は故ジョン・ガードナー（古典『自己革新』の著者で、コモンコーズの創設者）から、リーダーシップの絶対条件はケタはずれのエネルギーだと教わった。そしてフランシスからは、奉仕の精神でなされるリーダーシップほど、強力なエネルギー源はないことを学んだ。

このように考えてくると、米国最高のリーダーシップの教育機関であるウェストポイント（陸軍士官学校）が、フランシス・ヘッセルバインを二〇〇九年の「一九五一年卒業クラス記念リーダーシップ研究担当教授」に選んだことは驚くに値しない。自身もウェストポイントの卒業生であるオースチン将軍は、フランシスを教師として、あるいはメンターとして迎えられたことは、士官候補生たちにとって大きな幸運だったと感じていることだろう。

私の脳裏には、若いリーダーたちと肩を並べて座っている彼女の姿が焼き付いている。彼女はウェストポイントのリーダーシップマニュアル「Be Know Do」の体現者であり、「何が汝を打ちのめそうとも、立ち上がり、前に進め」という大いなる教訓の手本でもある。

長い人生では、恐ろしいできごとを目の前にして、愕然《がくぜん》とすることだってある。しかし決して弱気になってはいけない。卑劣で心の狭い人間を相手にしなければならないこともある。しかし自分自身は礼儀正しい態度をくずしてはいけない。何度も残酷な現実をつきつけられ、先の見えない不安定な状況に置かれたとしても、常に光を灯しつづけること――それこそがリーダーの責任なのだ。

二〇一〇年一二月　　コロラド州ボールダーにて

あなたらしく導きなさい・目次

第II部　私のやり方

はじめに
――歩み出るよう求められて

一九九八年一月一五日、私は米国市民に与えられる最高の栄誉である、大統領自由勲章を受け取るために、ホワイトハウスのイーストルームにいた。

会場の最前列で、ほかの叙勲者たち――デービッド・ロックフェラー、エルモ・ズムウォルト海軍提督、ブルック・アストル、ジェームズ・ファーマー、ロバート・コールらとともに座っていた私は、圧倒されていた。目の前には低いステージがあり、叙勲者たちは名前を呼ばれると、ひとりずつ軍の補佐官につきそわれて表彰台に上がった。

私の番が来たとき、クリントン大統領は、次のような紹介文を読み上げた。

「一九七六年、わが国のもっともすぐれた組織のひとつであるガールスカウト米国連盟は、崩壊の危機にありました。そのとき、会員数と精神の両面でこの組織を救ったのがペンシルベニア州ジョンズタウン出身の元ボランティア、フランシス・ヘッセルバイン氏です。ヘッセルバイン氏のもとで、ガールスカウトは過去最大の多様性と結束を実現し、それによって彼女はすべての国民の手本となりました。

現在の彼女は、非営利組織経営のためのピーター・ドラッカー財団の理事長として、どれだけ利益を生んだかではなく、何人の人生を変えたかで成果をはかられる無数の組織とともに、インクルージョン［訳注：多様な人々が、それぞれの能力を活かしながら組織に参加できるようにすること］と卓越性を実現する秘訣を分かち合っています。

ヘッセルバイン氏は、「上」や「下」といった階層的な言葉を使うことを禁じておられます。ですから私は、ボランティア精神と多様性と機会創出のパイオニアであるこの女性に勲章を授与するにあたり、壇上にお上がりくださいではなく、どうぞこちらへ歩み出てくださいとお願いすることにします。

大統領に向かって歩を進めながら、私は家族や、西ペンシルベニアの山あいの町で経験したさまざまなことに思いを馳せていた。これらの経験こそ、私の人生を形づくったものであり、人として、リーダーとしての私のありようを決定づけたものだったからだ。

私のリーダーシップの旅は、ホワイトハウスでの授与式のはるか前に、西ペンシルベニア州ジョンズタウンではじまった。ジョンズタウンは、アレゲーニー山脈に抱かれた小さな町だ。

これまで、国内外のさまざまな組織でリーダーの役割を果たしてきたが、一〇代のはじめごろはまだ、自分をリーダーだと考えたことは一度もなかった。学級委員長になったこともなければ、生徒会の役員や学校新聞の編集者になったこともない。リーダーの役割とは無縁だった。関心は別のところにあった。私は、大人になったら詩を書いて生きるのだと心に決めていた。本の虫だった私の前途には、静かな学究生活が待っているはずだった。リーダーシップやマネジメントといった言葉は、心に浮かんだことすらなかった。

しかし今になって思えば、ジョンズタウンで学んだことはすべて、私がリーダーシップの世界で生きていくための準備だったのだろう。この町の学校には、さまざまな人種の生徒が通っていた。おかげで大人になった今、私はどの国を訪れても、ここは自分の居場所だと感じることができる。

旅のはじまり

私のリーダーシップの旅は、一七歳のときに下した決断からはじまった。まだ、ピッツバーグ大学ジュニアカレッジの一年生だった。

この学校は米国のコミュニティカレッジの先駆けで、ジョンズタウン高校の二階分を使って開校したばかりだった。私はこの美しい建物にある革新的な学校で、若い教授たちからたくさんのことを学ぶのだと意気込んでいた。

中学時代の夢は詩を書くことだったが、高校では戯曲に関心が移った。ジュニアカレッジに入学してからは書くことに熱中した。私の心は、ありとあらゆる新しい冒険に開かれていた。それは身体面でも同じだった。ジュニアカレッジに入学したのを機に、急にスポーツに興味がわき、身長が一五八センチしかないのに、女子バスケットボール部に入った（この年はメンバーが不足していたのだ）。ほかの人はみな、私より一五～二五センチも背が高かった。

私の学びの人生は、このジュニアカレッジで幕を開けた。私は学生生活を満喫していた。

しかし、その楽しい日々はとつぜん終わりを迎えた。

カレッジに入学して六週間が過ぎたころ、父が死んだ。米国陸軍の兵士として、パナマとフィリピンに派兵されたときにかかったマラリアと間欠熱が原因だった。心肺不全に陥ったとき、父は復員軍人援護局にかけあって、この厄介な病への支援を求めたが、願いは聞き届けられず、「軍務とは無関係」と断じられた。

それでも父は息を引き取る瞬間まで、軍と祖国を愛していた。病院のベッドで最期を迎えつつあったとき、父は私を見て、「この老兵士の姿を見てもらいたいものだな」と言った。私は父の頬をなでた（母は死に向かう父を直視できず、廊下にいた）。そして、臨終を目前にした父の額にキスをしながら言った。「父さん、母さんと子どもたちのことは心配しないで。家族の面倒は私がみるから」。父の頬から涙が流れおちた。その頬にキスをすると、父は逝った。

父を埋葬したのは、一〇月の晴れた日だった。墓地から祖父の家へ戻った私たちは、ほんの数時間前まで父の遺体が横たえられていた美しい音楽室にふたたび座った。母、妹、弟、祖父母（パパ・ウィックスとママ・ウィックス）、おばのキャリーとおじのマイク、そしてフィラデルフィアから来たおばのフランシスとおじのウォルター――親戚一同が小さな円をつくって座り、ひとしきり抱き合い、涙を流した。

会話がはじまったのは、そのあとだ。フランシスおばさんが、どこまでもやさしく愛情に満ちた声でこう言った。「フランシス、この学期が終わったらフィラデルフィアのわが家にきて、私たちと暮らしながらスワースモア・カレッジに通ってちょうだい。必要なものはすべて、おじさんと私が用意するから。授業料も、教科書も、あなたが必要とするものは何でも。あなたにはカレッジを卒業してほしいの」。ジョンズタウンのわが家から見ると、フィラデルフィアは州の反対側の端にあった。

次に祖父のパパ・ウィックスが言った。「セイディ（祖母のこと）とわしはな、おまえが卒業するまで、おまえの母さんとトルーディとジョンと暮らそうと思うんだ。このとおり、わしらの家は大きいだろう。寝室は五つもあるのに、セイディとわししか住んでいない。おまえが学校を卒業するまでの間、おまえの母さんと弟と妹が一緒に暮らしてくれるなら、こんなにうれしいことはないんだ」

母は子ども時代、この家に六人のきょうだいと住んでいた。私は母を見たが、母は悲嘆にくれるばかりで何も言えなかった。会話は私に向けられた。あとになって思えば、私は一七歳にして、家族の人生を左右する決断を求められたのだ。

子どものころに大好きだったステンドグラスの窓から太陽の光が射し込むのを眺めながら、私は父のいない人生を想像しようとした。父がいないと、何が起きるのだろう……。そして死の床で父とかわした約束を思い出しながら、こう言った。「父さんは、家族が一緒にいることを望むと思います。この学期が終わったら、一月には仕事を見つけて、授業は夜に受けるつもりです」

つづいて私は、家族全員に支えられていることを感じながら、自分なりの未来予想図を語った。みんなの目に涙があった。フィラデルフィアのおばとおじはがっかりしていたが、私の決断を受け入れてくれた。祖父母も同じだった。反対する者は誰もいなかった。彼らは、小さな家族をひとつにするという使命を与えられた、この一七歳の少女を愛し、尊重してくれた。

ジョンズタウンに戻ると、私は母、一三歳の妹のトルーディ、一一歳の弟のジョンとともに、大好きな父のいない生活をはじめた。私はこれまでどおりカレッジに通い、毎日むさぼるように学んだ。昼間の授業に出られるのは、この学期が最後だとわかっていたからだ。

二人の若い教授（英語のドレン・サープ先生と歴史のネイサン・シャッペ先生）とその夫人が、大きな力になってくれた。彼らは私を見守ってくれただけでなく、大学院の夜間授業を「聴講」できるよう取り計らってくれた。残りの日々は、正規の授業に出席したり、他の授業を聴講したり、読んだり書いたりしながら過ぎていった。

学習という冒険は、学歴ではなくその中身ではかられるものだと思う。このときの豊かで充実した学習経験は、のちに私が歩むことになる道で大いに役立った。私はたくさんの単位をとり、多くの授業を聴講した。正式な学位は得られなかったが、生涯にわたる学習の旅をはじめることができた。

最後の学期が終わると、私はいちばんいいスーツを着て、ハイヒールを履き、母のしゃれたつば広の帽子をかぶり、肩まで届く内巻きの髪をアップにして、就職面接にでかけた。

面接にあたったペン・トラフィック・カンパニー（町の文化的中心地でもあった大手百貨店）の広告・マーケティング担当副社長のコービン氏は、私がまだ一八歳であることに気づかなかった（年齢を聞かなかったのだ）。私はまず広告・マーケティング部門で彼の助手として働き、次に店の新しいモデルハウスで、客のインテリアデザインを手伝う内装コンサルタントになった。

ある日、コービン氏は私の机に花が飾られているのを見て、理由をたずねた。今日は一九歳の誕生日なのだと答えると、彼はぎょっとして言った。「まだほんの子どもじゃないか」。しかし彼は私を解雇しなかった。

私は三年後にジョン・ヘッセルバインと結婚するまで、この会社で働きつづけた。

現場で学ぶ

働きに出るにあたって、どんな訓練を受けたのかと聞かないでほしい。仕事をはじめたばかりのころも、その後も、たいていのことは実地で学んだ。そして、やるべきことをやり、求められたことをし、ささやかな経験を積んだころ、ジョン・ヘッセルバインと結婚した。これは、もうひとつのすばらしい冒険の幕開けだった。

私が地域のガールスカウト団のリーダーとして、マネジメントの基礎を学びはじめたのは、息子が八歳のときのことだ。その後、ユナイテッドウェイ（米国最大の共同募金団体）のジョンズタウン支部の理事長に就任した。こうした経験は、多様な人や集団を使命とビジョンによってまとめ、共通の目的を達成していく方法を私に教えてくれた。ジョンズタウンの住民は、自分たちの町の多様性を必ずしも歓迎していたわけではなかったが、そのおかげで私は、インクルージョン、機会の平等、アクセスの平等などを実現するためには、勇気をもって戦わなければならないということを知った。どれも教室では学べないことばかりだ。

一九七六年には、ニューヨークシティでガールスカウト米国連盟のナショナル・エグゼクティブ・ディレクター（ＣＥＯ）に就任した。少女と女性のための世界最大の組織のＣＥＯとしてすごした一三年間、のべ五〇〇〇日の日々は私の宝物だ。

これまでの長い旅路で学んだ教訓は、私の血となり肉となっている。そのなかには祖母の膝の上で学んだものもあれば、キャンパスで出会った学生や、会場に集った一流企業のエグゼクティブたちとの会話から学んだもの、遠い異国で学んだものもある。最近では二〇〇九年六月に、韓国で開かれたドラッカーソサエティの会合で話をした。韓国は、私が講演や米国代表として訪れた六八番目の国だ。外国での出会いは、単にその国の文化や芸術、歴史、現在の政治情勢に触れる機会だけでなく、それをはるかに上まわる、心の交流という豊かな経験を与えてくれる。

祖父の家の音楽室ですごした日と、ホワイトハウスでクリントン大統領とすごした日は、一見すると遠く離れている。しかし私の学びの人生は、父の葬儀が終わったあの日からはじまったのだ。あの日、少女は旅に出た。どこに行こうとも、決して終わることのない学びの冒険に。

私はリーダーになりたいと願ったことはないし、リーダーになる機会を自分から求めたこともない。扉は、ただ開かれたのだ。これまでの人生をふりかえると、私のためにいくつもの扉が開かれ、私自身も誰かのために、いくつかの扉を開いてきたことに気づく。人々が扉を開けてくれた私とは何者で、どうやって他者のために扉を開いてきたのだろう？　私には、エマソンの「扉を開く者であれ」という呼びかけに応じるための、具体的な資質はわからない。ただ、私なりに自分の価値観にしたがって生きようと努力してきたことは確かだ。私が価値を置いているもの、それは敬意、愛、インクルージョン、耳を傾けること、そして分かち合うことだ。

リーダーシップについて語るはずなのに、なぜ私自身を語ることからはじめるのかは、この先を読んでいただければわかると思う。

私が学んだ教訓、そして旅の道連れ。その道連れは自分で選んだのか、それとも偶然にあらわれたのか？　どんなときに歓迎し、どんなときに別れを告げたのか？　そして何より、人はいつ、「リーダーシップは目的地ではなく旅である」という真理を発見するのか？　この本で、そんなことがお伝えできればと思う。

第Ⅰ部

私の原点

1

家族から得た、愛の教訓

人が「誰々は独力で成功した」と言っているのを聞くと、ほほえまずにはいられない。真の意味で、ひとりで何かを成し遂げた人間などどこにもいないからだ。私たちはみな先人の偉業の上に生きている。感謝に値する支援を受けたことがないと言い切れる人はいない。

私も例外ではない。これまでずっと、周囲の人々に助けられながら生きてきた。その昔、ガールスカウトでは「過去を尊重し、未来を大切にする」という言葉をよく耳にしたが、確かに過去は未来と同じように重要だ。過去を尊重しない人は、自分の視点からしかものごとを見なくなる。そのような自己中心性はエゴの肥大とおごりを招く。言うまでもなく、「おごれる者は久しからず」だ。

祖母の教え

私はこれまで、たくさんのすばらしい先達、家族、友人に支えられて生きてきた。しかし、もっとも大きな影響を受けた人をひとり挙げるとすれば、それは祖母のセイディ・プリングル・ウィックスだ。こう言うと、たいていは驚かれる。さまざまな分野の偉大なソートリーダーたちが、寛大にも私の旅にかかわってくれたことはよく知られているので、当然そのようなリーダーの名前が出てくるものと思うらしい。

祖母は小柄で、おだやかで、愛情深く、静かな人だった。そして、いつでも私の力になってくれた。祖母の知恵、深み、愛情が、幼いころの私の人格を育んだといってもいい。部屋に行けば、祖母は私だけを見てくれた。私の目をのぞきこむようにして話しかけてくる祖母の姿は今も覚えている。そんなとき私は、自分が世界でいちばん重要な人間であるかのように感じたものだ。

私が幼いころは、よく先祖の話をしてくれた。たとえば、リンカーン大統領が志願兵を募ったときのこと。プリングル家の七人兄弟（そのひとりがママ・ウィックスの父親、つまり私の曾祖父）は、父親とともにペンシルベニア鉄道に乗り、サマーヒルから一五キロほど離れたジョンズタウンへ向かった。到着すると、父は息子たちを写真館に連れて行き、ひとりずつ写真を撮った。そして全員で郵便局へ行き、無償で働いた。七人の息子たちが軍隊に入るためにピッツバーグへ向かったのはそのあとだ。末っ子は一九歳、長兄は二七歳だった。七人のうち六人は結婚していたが、祖国が自分を必要としているのだからと言って、みな妻子は農場に残していた。三人だけが戦地に行き、あとの四人で農場や山中にある小さな樽板の製材工場の面倒をみるという考えは浮かばなかった。七人がそろって志願し、全員が自分に求められたことをした。

戦争が終わったとき、家に戻ったのは六人だった。一九歳だった末っ子のマーティンは、「荒野の戦い」で受けた傷がもとで死んだ。兄弟のひとりが軍から休暇をもらい、遺体を家に連れ帰った。

祖母はよく、幼い私を連れて先祖が眠るプリングル・ヒル墓地を訪れた。そして、風雨にさらされた大理石の墓石を一つひとつめぐりながら、七人兄弟の話をしてくれた。墓参りやいくつもの物語を通して、祖母は私に、過去を尊重し、一族のリーダーを敬う方法を示してくれたのだ。

祖母の影響は、ほかにもある。

結婚して間もないころ、第二次世界大戦がはじまった。夫のジョンは海軍に志願し、海軍航空隊の従軍カメラマンになる訓練を受けるためにペンサコラへ送られた。若い新聞記者に与える任務としては奇妙なものだったが、ともかく彼は一歳半の息子ジョニーと私に別れを告げて出発した。

私は赤ん坊を連れて、夫と暮らすためにペンサコラに引っ越すつもりだったが、計画を知った母や家族、友人たちは震えあがった。母にいたっては、行くなら赤ん坊をおいて自分だけ行けばどうかと提案してくる始末だった。「ペンサコラに行くには、何時間も汽車に乗らなければならない」、「着くころにはもう、彼は別の町に行っているかもしれない」……誰もが反対意見とその理由を並べたてた。

悩んだときはママ・ウィックスに相談する——それが私の習慣だった。祖母は九人の子どもを産み、そのうち七人が成人した。本人も長生きで、夫婦仲もよかった（祖父は祖母をとても愛していて、五〇回目の結婚記念日には長い情熱的な詩を贈った）。

祖母は話を聞くと、私を抱きしめて静かに言った。「夫と赤ちゃんのいるところが、あなたの居場所よ」。私は家に帰ると、家族に宣言した「ママ・ウィックスが、私の居場所は夫のいるところだと言ったわ」。ママ・ウィックスに反論できる者などいなかった。

こうして私は、ジョニーを連れてペンシルベニア鉄道に乗り、フロリダ州ペンサコラへと向かった。息子がくつろげるように、小さなベビーベッドも持って行った。

私とジョニーはその後、夫の異動にともなってさらに長時間列車に乗り、ペンサコラからサンディエゴの海軍航空基地に引っ越した。海軍の町ですごしたこの数年間は、貧しくはあったが、人生最良のときだった。夫が空を飛んでいる間、私は小さなジョニーを連れて海岸へ行き、祈りの言葉をとなえた。おもちゃの銃すら撃ったことのない男が、カメラと大きな銃をたずさえて機体の下の透明なカプセルのなかにはりついているのかと思うと可笑しかった。ジョンはこんなふうに指示されたという。「まず撃て。そして過ぎ去りざまにシャッターを押すんだ。身を乗り出したところでカメラを落としたら、そのままカメラを追って飛べ！」。海軍の訓練らしいユーモアだ。

ついにジョンが戦地に派遣されることが決まったとき、戦争が終わった。息子と私はクリスマス前にジョンズタウンのわが家に戻った。赤ん坊だったジョニーは、もう四歳になっていた。二月に入り、ようやく除隊されたジョンが帰宅したとき、家にはまだクリスマスツリーが飾られていた。葉はもう落ちていたが、私たちの海兵さんの帰還を祝うように、ライトや飾りはついたままで、ツリーの下にはプレゼントの箱が置かれていた。

ママ・ウィックスは、ジョンが軍務を解かれる前に亡くなった。「夫のいるところが、あなたの居場所よ」という祖母のシンプルな言葉は、私に愛の力、そして家族の絆とは何かを教えてくれた。もし「何千キロも離れた土地に、赤ん坊を連れて列車で行くなんて危険すぎる」という臆病な人々の言葉に従っていたら、人生はまったく違うものになっていただろう。のちには私自身も、さまざまな難局でアドバイスを求められるようになったが、そのようなときはいつも熟慮し、心をこめて自分にできるかぎりのアドバイスをするようにしている。そして、常に自分ではなく相手の立場で考えることも忘れない。そのように導いてくれたのは祖母だ。

おばからの贈り物

ママ・ウィックスの次に、私の人生に大きな影響を及ぼしたのは、彼女の娘のキャリーだった。大好きなキャリーおばさんは、私の仕事と人格に実の母よりも大きな影響を与えた。

ここに紹介するのは、一九八五年の私の誕生日におばが送ってくれた手紙の全文だ。この手紙からは、うれしいことに、おばも私に一目置いてくれていたことがわかる。

親愛なるフランシス

あなたとママとパパが写っている写真を同封しました。この写真を見ると、あなたと私がどれだけ長く「旅仲間」だったかわかるわね［写真には祖父母と六、七歳の私が写っていた］。あなたが誰かとサウスフォークの家に来たのは、このときが最後でした。その後はひとりで来るか、私と一緒でしたね。

この写真のころについては、幸せな思い出がたくさんあります。まだ四、五歳のあなたに、何かにつけて意見を聞いたわ。パーティにはどのドレスを着ていくべきかしら、とか。そんなことが何年もつづきました。もちろん、あなたが私に助言を求めてくることもあった。要するに、私たちはよい「仲間」だったってわけ。米国連盟の理事会に出席したあと、猛吹雪のなかをニューヨークからイーストンまで来てくれたときのことを覚えている？ペンシルベニアのレディングを経由して、バスで来てくれたのよ。

マイクと私のためなら、あなたはいつだって骨を折ってくれました。

あなたが（幼稚園に通っていた）五歳のときから、この子はいずれ大きなことをするってわかっていたわ。そのとおりになったわね。

心から愛しています。あなたのすべての願いがかないますように。

「すばらしいことをする人間は、たいてい、ひとりで旅しなければならないものだ」

——ヘンリー・ヴァン・ダイク

誕生日、本当におめでとう。心からの愛をこめて

キャリー

一九八五年一〇月二八日　ペンシルベニア州イーストンより

夫も私と同じくらいキャリーおばさんが好きだったので、旅行にもよく誘った。パリに行ったときは、もう八〇代後半だったにもかかわらず、おばはサクレクール寺院の頂上を目指した。エレベーターを使わず、長い階段を駆け上っていくその姿を見て笑った。イギリスでは、誰よりも熱心に大英博物館の王立文庫を鑑賞し、感嘆の声を上げていた。

キャリーの父、つまり私の祖父は、イングランドのコーンウォールにある小さな村、タイウォードレスの出身だった。この村には農民と漁師、そして錫《すず》炭鉱の坑夫たちが住んでいた。この坑夫たちは、一七〇〇年代末期、ジョン・ウェスレー［訳注：キリスト教司祭でメソジスト運動の指導者］の説教を聞いて、村の壁の外側に小さなメソジスト教会を建てた。村の大地主たちが、「反体制派」が壁の内側に教会を建てることを許さなかったからだ。

しかし、この小さいが不屈の精神を持った集団は、次第に大きな力を持つようになり、一八二三年、今度こそ村の壁の内側にメソジスト教会を建てようと決意した。そしてひとりの農民を説得し、彼の土地に教会を建てる許可を得ることに成功する。ただし、条件がひとつあった。それは、教会の壁の一方に、彼の牛のための小屋をつくることだった。そのため何年もの間、この教会の一方の壁には窓がなかった。

教会の歴史をひもとくと、一八二三年に三人が信徒伝道者に任命されたとある。このたくましい三人は、いずれもふだんは農民や坑夫だったが、毎週日曜日の礼拝のあとは近くの村へ歩いていって、神の言葉を宣《の》べ伝えた。そのひとりが、私たちの先祖トーマス・ヘンリー・ウィックスだった。キャリーと私は毎年コーンウォールに行っては、「一八二三ウィックス」という札の貼られた信者席に座り、勇敢な「反体制派」の先祖に思いを馳せた。そして、彼らの血が自分たちにも流れていることを願いながら、心のなかでこう語りかけた。「私は、この信者席に座った六世代目の反体制派です。この伝統を守っていきます」

未来を思い描くだけでなく、過去を尊重することで、人は大きな強みを見つける。それを教えてくれたのはキャリーだ。

キャリーは婦人団体「アメリカ革命の娘」の支部長として、わが家のあるペンシルベニア州イーストンで、一八世紀の歴史的建造物の保護や修復を支援していた。私が歴史を好み、一族の伝統を重んじ、あらゆる戦争（フレンチ・インディアン戦争、独立戦争、一八一二年戦争など）で民主主義のために戦った人々を敬い、南北戦争に出陣したプリングル家の七人兄弟に感謝するようになったのは、キャリーの影響が大きい。

わが家の男性たちはみな、第二次世界大戦に従軍した。父と息子は米国陸軍の兵士となり、そのことを愛した。息子は今、二四時間酸素吸入が必要な身だ。心臓も悪く、ベッドから離れられない生活を送っているが、「私は昔も今もこれからも兵士だ」と誇らしげに言っている。

彼は著述家でもあり、家族や社会に対する思いは私と変わらない。私は毎晩、息子に電話をかけて調子をたずねる。彼の答えはいつも「絶好調だよ、母さん」だ。私たちは彼の執筆のことや、彼の新しい孫娘イザベラのことを話す。

息子は赤ん坊のころからキャリーおばさんととても親しかった。彼が六歳のときに初めてカウボーイブーツを買ってくれたのもおばだ。息子と私が陸軍について話をしていると、おばもよく参加してきた。彼女は軍の歴史に驚くほど詳しかった。

おばは九六歳で亡くなった。最後まで聡明で、チャーミングで、身ぎれいで、趣味のよい服を着ていた。最高の友人だったおばのことを私は一生忘れない。ニューヨークだろうとワシントンだろうと、私のキャリアにすばらしいことが起きたときは常におばがいて、その瞬間を愛情にあふれた特別なものにしてくれた。私の心のなかには、いつもキャリーおばさんがいる。

私のヒーロー

遠い昔、父は旅に出るときまって、三つにわかれた手紙を送ってくれた。二歳の弟のジョンには、うさぎとこまどりの短い物語、四歳の妹のトルーディには、たくさんの鳥や動物や子どもたちが登場する長い詩、そして八歳の私には、「いい子でいなさい。親切になさい。人の気持ちを思いやりなさい。そしてパパがおまえを愛していることを忘れないように」という愛情のこもったメッセージが書かれていた。

まだ八歳だった私は、自分にもこまどりやうさぎの物語がほしいと思ったような気もする。しかし、父の愛がつまった手紙をトルーディとジョンに何度も読んでやるのは私の役目だったので、これらの物語も結局は私のものになった。私は父の期待どおりの人間になろうと努力した。この時期に私は、「人は他者の面倒をみるものだ」ということを学んだのだと思う。それはのちに、私のリーダーシップに対する姿勢、献身、そして「奉仕することは生きることである」という信念の一部となった。

父バージェス・ハーモン・リチャーズは、さまざまな意味で私のヒーローだった。長い年月を陸軍兵士として過ごし、フィリピンやパナマから内地まで、数多くの戦線に参加した。父は陸軍での日々を愛していた。今、私の部屋の壁には、高校時代にフットボールの優勝チーム「オハイオ・ウィロビー」でフルバックを務めていた父、米国陸軍とペンシルベニア州警察フットボールチームのメンバーだった父の、たくましくもハンサムなユニフォーム姿の写真が飾られている。

父は陸軍を引退すると、ペンシルベニア初の州警察官のひとりとなった。ペンシルベニアが他州に先駆けて州警察をつくったのは、州内の炭鉱町で民族集団同士の衝突が相次いでいたからだ（ペンシルベニアの炭鉱には、世界中から労働者が集まっていた）。ちなみに、大統領の要請によって米国初の州警察のトップを任されたのは、ノーマン・シュワルツコフ将軍の父親だった。

州警察官の募集が始まると、二〇〇〇人が応募した。その多くは米国陸軍の騎兵師団の兵士だった。選ばれたのは二〇〇人。そのひとりが父だった。父について、ペンシルベニア州の保管記録には、「すぐれた人格と勇気をそなえた警察官」とある。彼ら騎馬警官たちは、黒い制服に身をつつみ、黒い背高帽をかぶって、大きな黒っぽい馬にまたがっていた。東欧から来た坑夫たちは、彼らを「黒いユサール（軽騎兵）」と呼んだ。その制服姿が、皇帝のユサールを思い起こさせたからだ。

私の手元には、「オールドハイ」という名のすばらしい馬にまたがってパレードをしている父の写真がある。血の気の多い坑夫たちは銃など恐れてはいなかったが、大きな馬にまたがった二人の州警察官がさっそうと現れてケンカに分け入ると、さすがに蜘蛛の子を散らすように逃げていったという。

父は物語を話すのがうまかった。父から聞いた語は今も私のなかに息づき、私を導いてくれている。何より、父の物語は家族の歴史に息を吹きこんだ。なかでも私の胸を打ったのは、一八〇三年にウィリアム・リチャーズとメアリー・アダムスが、牛車でコネチカットからコネチカット西部保留地（のちのオハイオ）へ向かっていたとき、幼い娘がガラガラヘビにかまれて死んでしまったという話だ。こうした初期の入植者たちの苦難と犠牲の物語は、子孫である私たちを奮い立たせる。

父は、今は額に入れられてわが家の壁に掲げられている証書の話もしてくれた。この証書には、「ウィリアム・リチャーズ殿。一八五三年、ウェスタンリザーブ・エクレクティック研究所（のちのハイラム・カレッジ）に一五〇ドルを寄付したことをここに証する」と書かれている。ウィリアム・リチャーズはこの研究所の創設者のひとりで、当時は理事も務めていた。なんと寛大な人物だろう。もとは農夫だったが、教育になみなみならぬ関心を寄せていた。当時の一五〇ドルといえば大金だ。もし彼が本を書いたら、「知恵は金に勝る」と刻んだにちがいない。

それから何世代ものち、父方の祖父であるクインシー・アダムス・リチャーズ牧師が、このハイラム・カレッジを一九歳で卒業し、当時一年生で一五歳だったセレーナ・ハーモンと結婚した。セレーナは、のちにウィロビー・カレッジ（現レイク・エリー・カレッジ）の卒業生総代となった。彼はディサイプル教会の牧師に任命され、年若い妻を連れてウィスコンシン州の辺境の町に行き、キリスト教会を建設して信徒を集めることになった。新しい教会が町に根を下ろすと、別の町に行ってまた教会建設に取り組んだ。直接会う機会こそなかったが、彼の気高く、堂々とした、心ゆさぶる説教は私たちの宝物だ。

この祖父は、今も父の物語のなかで生きている。父によれば、極北の辺境地クロンダイクでゴールドラッシュがはじまったとき、坑夫たちが神の言葉に耳を傾けていないと伝え聞いた祖父は、ペンシルベニアの教会を休職し、大きな長靴と「採金用の丈夫な服」を買いこんで、一番上の息子とともにクロンダイクへ向かったという。彼は、テントのなかだろうと氷原だろうと、金を探す坑夫たちのいるところならどこへでも行って伝道した。同時に、金の夢に沸く町を観察した。

ペンシルベニアに戻ると、祖父のアラスカ見聞録は大評判を博した。一八九九年一月二四日にクリーブランドで行われた講演のチラシには、こんな見出しが躍っている。「ペンシルベニア州ビーバーフォールズのA・リチャーズ牧師による講演――私が見たアラスカのゴールドラッシュ」。このチラシによれば、講演の内容は次のようなものだった。「コッパー川のインディアンたち／遠洋航海／奥地へのそり旅行／標高一五〇〇メートルの氷山に登る／船を造る／クルティナ川の急流下り／黄金への期待と荒野を走る満員列車（入場料二五セント、子ども一五セント、家族チケット一ドル）」。何という冒険だろう！

父と母方の祖母（ママ・ウィックス）が熱心な語り手だったことは幸運だった。二人は、もっともっととねだる少女に何時間でも物語を聞かせてくれた。そのおかげで私は何年もたってから、今度は自分の幼い息子に同じようにしてあげることができた。

父は、話すだけでなく書くのもうまかった。創作の才能もあり、もう手元にはないが本を出版したこともある。父は私たちきょうだいが言葉や歴史の力を理解できるように助けてくれた。小学校に通っていたころ、私はとつぜん父を「ファーザー（お父さま）」と呼ぶようになったことがある。何かの本で読んで、かっこいいと思ったのだろう。しかしある日、父は私をやさしく抱きしめて言った。「〝ダディ（父さん）〟で十分だと思うよ」。私は、父の愛情のこもったメッセージを理解した。やっぱり、「ダディ」がぴったりだ。

父方のおばのフランシスは、よくアダムス家の祖先の話をしてくれた。フィラデルフィアの家のダイニングルームにある両開きの戸棚には、ジョン・アダムスが使っていたという酒杯がおさめられている。私はおばが語るジョン・アダムスとアビゲイル・アダムスの物語が大好きだった。建国の父たちのうち、奴隷を所有していなかったのはジョン・アダムスだけだったと知ったのは最近のことだ。アダムスに関する新しい本を読み、ＨＢＯのＴＶシリーズ「ジョン・アダムス」のＤＶＤを観たことも、この時代の先祖を具体的に思い描く助けになった。

そして今、私はめいのフランシス・チャドウィック・エックマン（妹の娘で、専門家並みに系図学にくわしい）とともに、父が伝えてくれた家族の物語を語り継ごうとしている。フレンチ・インディアン戦争に賛成したのは誰か？　ペンシルベニア独立軍兵士番号一九番のウィリアム・プリングルとは何者か？（彼は独立戦争に参加するためにスコットランドからやって来た）、高祖母の石鹼のレシピとは？　一歳半の娘をジフテリアで亡くした若い母親は、南北戦争に従軍している夫に、「町にはもう墓穴を掘ってくれる大人の男が残っていなかったので、近くの農場に住む二人の一一歳の男の子が穴を掘り、彼らの母親が小さなながらを横たえてくれた」ことをどう伝えたのか？……

南北戦争のさなかに家族の間で交わされた手紙は、何人もの先祖たちの勇気と犠牲の物語を生き生きと伝えている。私たちが現在のような生活をおくることができるのは、彼らのおかげだ。

これらの物語はいずれも、子どものころに、大好きな祖母や父、キャリーおばさんたちから聞いたものだ。どの話も一八八九年のジョンズタウン洪水を生き延びた人々の物語であり、その教訓は現代にも通用する。

父は私が生まれたときにはもう四〇歳だったので、祖父は私の曾祖父でもおかしくない年齢だった。父が語る祖父の波乱に満ちた生涯、彼が書き残した文章や先祖のエピソードは、どれもすばらしい贈り物だった。それは、私たち三人をとりこにしただけでなく、私たちの人生に大きな影響を及ぼした。どの物語も、今なお私のなかで当時と同じ輝きを放っている。

父の教えにしたがって、弟と妹と私は子ども時代も、結婚してからも、遠く離れて暮らすようになってからも、親密な関係を保った。ジョンはカリフォルニアとオレゴン、私はペンシルベニアとニューヨーク、トルーディは夫であるウォルター・D・チャドウィック海軍大佐について世界中の港町で暮らした。私たちは世間一般の家族よりも仲がよかった。いや、今もだ。トルーディとジョンはもう旅立ってしまったが、二人は今も私のなかで生きつづけている。

それは父も同じだ。父は私が一七歳のときに他界したが、私はいつも父の存在を近くに感じている。父の語り手、書き手としての才能、歴史や世代を超えて受け継がれるものに対する理解、家族と軍に対する愛情は、常に私とともにある。私は毎日のように父を想う。そして、この「すばらしい人格と勇気を持った将校」、子煩悩で、愛の力、言葉の力、そして手本を示すことの力を理解していた兵士が、私たちによき人生を、奉仕の人生を歩めるように育ててくれたことに感謝している。

夫との幸せな日々

夫の家族は、ペンシルベニア州ジョンズタウンで新聞関係の仕事をしていた。義父のハリー・ヘッセルバインはトリビューン紙の編集長を長く務めた人物で、地域で精力的に活動していた。ジョンズタウン・トリビューン紙の一五〇年記念号は、彼を「誠実さのとりで」と呼んでいる。その言葉どおり、私もハリーとアイダ・デービス・ヘッセルバインほど立派な人を知らない。二人は古くからジョンズタウンに住んでいる一族の出身で、どちらも一八八九年の大洪水を経験していた。二人の娘になれたことは幸運であり、二人を想わない日はない。

ジョンはピッツバーグ大学でジャーナリズムを専攻し、卒業後はジョンズタウン・デモクラット紙で夜間にローカルニュースをまとめる仕事に就いていた。結婚したころの私は、彼の仕事ほどロマンチックなものはないと信じていた。

戦争が終わると、私たちはジョンズタウンに戻り、この町に「ヘッセルバイン・スタジオ」を構えた。スタジオで制作したドキュメンタリーは賞も受賞し、ジョンは六人の初代ロバート・フラハティ・フェローのひとりに選ばれた（ロバート・フラハティは、米国のドキュメンタリーの父）。ローカルテレビ番組の先駆けである「アドベンチャリング・イン・ジ・アーツ（Adventuring in the Arts）」の制作にたずさわったこともある。

スタジオでは、あらゆる種類の写真も手がけた。卒業を控えた高校生のポートレート、煙を吐き出す夜の製鋼所、結婚式……顧客が望むものなら何でも撮った。撮影はジョンが担当し、暗室での作業は一〇代になっていた息子のジョニーが手伝った。家族経営の小さな店では家族全員が助け合うものだ。

私も「ジョンのお手伝い」として、彼のドキュメンタリー制作を助けた。といっても、私がやったのはセンスが必要な撮影ではなく、マーケティングや顧客の要望を聞くこと、顧客のニーズに応えることなどだ。「アドベンチャリング・イン・ジ・アーツ」にも少々かかわった。

客が愛犬の写真を絵画風に仕上げたいと言ったときは、ジョンから手渡された油絵の具で手早く犬の絵を描き上げた。私は家族三人での暮らしを愛していた。ジョンズタウンを離れたいと思ったことは一度もなく、その予定もなかった。

「ジョンのお手伝い」をしながら学んだことはすべて、想像もしていなかった未来、自分が欲していることすら知らなかった未来に必要となるスキル、ツール、経歴を与えてくれていたことに、当時の私は少しも気づいていなかった。私たちの仕事はまさにコミュニケーションだったが、何年もあとになって、それが私の仕事の基盤となった。

私の人生では、天の導きが重要な役割を果たしていると思わずにはいられない。今から思えば、私のすることはすべて未来の人生のためのもの、何年もあとに私がすることになる貢献の準備だった。

2

人生における決定的な瞬間

信頼が地に堕ち、シニシズム（冷笑主義）がかつてない広がりを見せている今、世界は調和をもたらし、人々をひとつにできるリーダーを切実に求めている。どこにいようと、どんな仕事をしていようと、どんな主義主張を持っていようと関係ない。今こそ、あらゆる組織のあらゆるレベルのリーダーが変化を起こし、すべての人に敬意を払うことの重要性を示すべきときだ。「もしラッパの音が聞こえなければ、誰が戦いの準備をするだろう」という聖書の言葉を、私たちは肝に銘じなければならない。

そのための第一歩として、まずはあなた自身の過去をふりかえってほしい。過去にはきっと、人として、あるいはリーダーとしてのあなたを決定づけた瞬間があったはずだ。あなたが自分の未来、そしてあなたにつらなるすべての人の人生を照らしだせるように、誰かが手をさしのべてくれた瞬間が——。もちろん、私にもあった。

八歳の日の出来事

私は幼いときから、四つ下の妹トルーディをかわいがってきた。母もことあるごとに「妹の面倒を見てやってね」と言った。私は母の言うとおりにした。

あれは、私が八歳になった直後のクリスマスのことだ（私の誕生日は一一月一日）。その年のプレゼントほど、私を魅了したものはなかった。父が木で赤ちゃん人形のためのかわいらしいベッドを二台つくり、淡いクリーム色に塗ってくれた。おばのガートルードはピンク色の毛糸で人形の帽子とセーターを編み、祖母は小さなベビーベッドのためのふとんをつくってくれた。そして、このベッドに寝かせられるように、両親は生まれたての赤ちゃんにそっくりの愛らしい人形を二つ見つけてきてくれたのだ。人形のつぶらな瞳は、身体を起こすと開き、寝かせると閉じた。

ところが数日後、雪遊びを終えてクリスマスツリーの下に行くと、小さなベッドに寝かせておいたはずの私の赤ちゃん人形がいない。トルーディの人形はベッドのなかですやすやと眠っているというのに……。

私は母のところへ飛んでいった。「私の赤ちゃん人形がいないの！」。すると、母はこう答えた。「アニーのお嬢さんは、クリスマスにお人形をもらえなかったんですって。だから、あなたのお人形をあげたのよ」(アニーは、わが家に掃除に来てくれる女性だった)。そして、私がいつまでも泣いていると、母は言った。「どちらにしたって、あなたはもうお人形で遊ぶ年じゃないでしょう」

それは、私にとって最後の人形となった。小さなベッドと祖母がつくってくれた小さなふとんだけが、その後も長いこと私の手元にあった。

この年のクリスマスに、私は特別な形で成長したように思う。赤ちゃん人形を失ったこの瞬間のことを、なぜ今も覚えているのかは自分でもわからない。おそらく私は八歳にして、自分には赤ちゃん人形を持つ権利がないこと、人形で遊ぶには大きくなりすぎたことを学んだのだろう。そしてこのとき、人は他者の世話をするものだということも学んだのだと思う。以来、リーダーシップの旅をつづける間、この教訓は常に私とともにあり、私が「奉仕することは生きることである」という信念を育む助けとなった。

よく思うのだが、ソーシャルセクターで働いている人やボランティア、あるいは意義ある活動に資金を提供している人々のうち、子ども時代に「人は他者を助けるものだ」と学んだ人はどれくらいいるのだろう。私たちの多くは、人は他者に責任を負っていることを学ぶ。他者とは、家族や友人、コミュニティ全体、社会、そして究極的には民主主義でもあるが、それらを学ぶプロセスは、子ども時代に弟妹の面倒をみたり、地域社会で困っている人を助けたりといった形ではじまるのではないだろうか。

八歳の私には、赤ちゃん人形を失ったことも、妹の面倒をみるために友だちと遊ぶ時間が減ったこともつらかった。しかしこの経験は、他者の世話をし、扉を開き、他者の人生を変え、そして何より自分自身の人生を変えようとしている誰もが学ぶレッスンだったのだ。

「イーさんの話」

少し前に、企業の人材育成責任者の集まりで話をする機会があった。話のあとでは、率直で熱気にあふれた質疑応答がはじまったが、最後にこんな質問が飛び出した。「ヘッセルバインさん、人として、あるいはリーダーとしてのあなたを決定づけた瞬間を教えてください」。初めて受ける質問だったが、答えはすぐに浮かんだ。私は出席者たちに向かって、「イーさんの話」をした。

八歳のある日、私はペンシルベニア州サウスフォークに住む祖父母の家を訪れた。サウスフォークは炭鉱と鉄道の小さな町で、ジョンズタウンのわが家からは一五キロほど離れていた。当時、祖父のパパ・ウィックスは紳士服店を営んでいたが、ほかにも法務官の仕事をしたり、毎週日曜日にはメソジスト教会でパイプオルガンを弾いたりしていた。

祖父母になついていた私は、週末はいつも二人といっしょにすごした。大きな家で、高さ五メートルの天井とパイプオルガンをそなえた音楽室まであったが、子どもが七人もいれば当然だと、二人は考えているようだった。

私のお気に入りの場所は、ステンドグラスの窓から太陽の光がさんさんと射しこむ音楽室だった。パイプオルガンの鍵盤の上にある棚には、年代物の美しい中国製の花瓶が二つ置かれていた。私はその花瓶で遊びたいと何度もねだったが、祖母の答えはいつもノーだった。ある土曜日、私はついに強引な行動に出た。祖母の足を踏みつけて、ぜったいに花瓶で遊ぶと言い張ったのだ。すると祖母は、私を叱る代わりにパイプオルガンの前に置かれた小さな二人掛けのソファに連れていくと、私の体を抱くようにして、こんな物語を語ってくれた。

昔々、あなたのお母さんがまだあなたくらいの年だったころの話よ。ある日、お母さんと妹たちが泣きながら学校から帰ってきて、いじわるな男の子たちがイーさんを追いかけまわして悪口を言っているというの。あのころ、町にはイーさんという中国人がひとりで切り盛りする小さなクリーニング店があってね。彼は毎週、あなたのおじいさんのシャツをとりにきて、洗濯し、糊付けし、きれいにアイロンをかけて、二、三日後にまた持ってきてくれていたの。

でもイーさんは、丈の長いチュニック、帽子からはおさげ髪という中国の伝統的な格好をしていたから、男の子たちは彼を追いまわしては、「やーい、やーい、チャイナめ」とはやしたてたり、もっとひどいことを言ったりした。イーさんのおさげ髪をひっぱろうとする子もいたわ。

そんなある日、お勝手口をノックする音がしてドアを開けると、大きな包みを抱えたイーさんが立っていたの。「あら、イーさん、なかへどうぞ。おかけになって」と声をかけても、イーさんは立ったまま。そして私に包みをわたすと、「あなたにあげます」と言うばかり。そこで包みを開けてみると、なかには古い中国製の花瓶が二つ入っていた。「イーさん、こんな立派なもの、とても受け取れないわ」と断ったけれど、イーさんは「あなたにもらってほしいんです」と言ってきかなかった。

「なぜ私に？」。そうたずねると、彼はこう答えたの。「ウィックスの奥様、この町に住んで一〇年になりますが、私を『イーさん』と呼んでくれたのは、あなただけでした。私は妻子を呼び寄せたいけれど、許してもらえません。でも、どうしても妻と子どもたちに会いたい。だから中国に帰ることにしました。この花瓶は、私が故郷から持ってきた唯一のものです。あなたにもらってほしいのです」

そして、目に涙を浮かべながら、さようならと言ったの。

私は祖母の腕のなかで、かわいそうなイーさんを思って泣きじゃくった。私が、人間はみな敬意をもって扱われるべきだと学んだ決定的な瞬間だった。イーさんの話は、その後もずっと私のなかにあって、私が多様性とインクルージョンに情熱を傾けながら人生を切り開いていくきっかけになった。

祖母は、自分が死んだら花瓶は私に託すと言ってくれた。今、その花瓶はわが家の居間に鎮座している。部屋に入って、棚に置かれた花瓶を見るたびに、私はイーさんとママ・ウィックスを思い出す。後年、大統領自由勲章を授与されたときも、ホワイトハウスで開かれた式典の間ずっと、私はイーさんと祖母の存在を感じていた。

少数派でも誇りをもつ

夫のジョンはジャズの愛好家で、デューク・エリントンがとくにお気に入りだった。わが家には彼のレコードがすべてあり、町でコンサートが開かれるときは必ず行った。ときにはニューヨークまで演奏を聴きに行くこともあった。デューク・エリントンとその楽団は、まさにジャズの帝王だった。

そんな彼らと私たちの町には、長い歴史がある。過去には、楽団が町のホテルに滞在することを許されず、ほかの黒人家族の家に泊まるという悲しいできごともあった。ようやくフォート・スタンウィックス・ホテルに宿泊できるようになってからも、食堂で食事をとるときはほかの客との間についたてが置かれた。偉大なデューク・エリントンと楽団とが、何の制約もなくホテルに泊まり、食事ができるようになったのは、ずっと後のことだ。

私がその事実を知ったのは、二〇代のはじめころだったと思う。世界中で称賛される、この比類なきアーティストにして音楽家、そしてアメリカ人である彼が、私の愛する町で屈辱的な差別を受けたことがあると思うと胸が痛んだ。私が成人するころにはこの地域も変わったが、自分の暮らすこの町で、デューク・エリントンがホテルで眠ることも、ホテルの食堂で食事をすることもできなかった時代があったことは忘れないだろう。

当時は、ジョンズタウンのように開放的で、多様な人種が暮らす産業の町ですら、黒人に対するさまざまな差別があった。ペンシルベニア州の知事室から夫に電話がかかってきたのは、そんなある日のことだった。この町に住む若いカトリック司祭、フィリップ・セイラー神父とともに、新しくできたペンシルベニア州人間関係委員会の委員になってほしいというのが要件だった。

ジョンとセイラー神父は、権利と平等を守る大使になった。ジョンズタウンのマイノリティが差別を受けているという報告が委員会に入ると、二人に連絡が行った。すると、彼らは差別をした人のもとを訪れ、なぜそのような行為をやめる必要があるのかを説明した。

私が覚えている例を挙げよう。

ひとつは、黒人の髪を切ることを拒んだ理髪店だ。ジョンはその理髪店を訪ね、サービスを受ける権利は誰にでもあると伝えた。「あいつらの髪は特殊なんだ」と店主は言った。「うちの店には黒人用の道具がなくてね」。すると夫はこう答えた。「それなら必要な道具を買ってください」

またあるときは、セイラー神父が鉄鋼会社の幹部を訪ね、この会社で働いている三〇〇人の現場監督がすべて白人であることに不満の声があがっていることを伝えた。次の月曜日、ベツレヘムスチールに初めて黒人の現場監督が誕生した。

もちろん抵抗もあった。ある白人教師は、黒人の母親と二人の子どもたちが校庭で遊んでいるのを見て、「黒人は校庭から出ていけ」と叫んだ。ジョンはこの教師に会いに行き、冷静に話し合おうとしたが、彼女の返事は「あなたは自分の人種を裏切っている」だった。

多くの人は、そんなことは若いビジネスマンや神父のする仕事ではないと考えていた。あのころ、ペンシルベニア西部の小さな山あいの町で人権委員会の委員になるというのは、とても勇気のいることだった。でも私には、「ジョン、少し目立ちすぎじゃない？　もう少し人目を気にしたら」などと言う気は起こらなかった。私はいつでも、夫はなすべきことをしていると思っていた。

彼のボランティア活動は、必然的に私の生活の一部ともなった。ある日、スタジオの女性客の注文を時間どおり仕上げられなかったときのこと。その女性客は、「もし私がNAACP（全米有色人地位向上協会）の会員だったら、仕上がっていたんでしょう？」と言った。その言葉に、私たちはショックを受けた。公民権運動を支持することが、ビジネス上ではマイナスに働くことも少なくない時代だった。

それでも、私たちにとっていちばん大事なのは、自分たちの原則に忠実であることだった。私は、たとえ少数派だとしても、ジョンが平等を支持し、すべての人に敬意を払う活動に貢献していることを誇りに思っていた。

あるとき、人間関係委員会で働いていたアフリカ系アメリカ人のスタッフが、ジョンズスタウンを訪れた。そこで、セイラー神父が彼を連れて町で人気のレストランに入ると、テーブルに着くなり、ウェイターが客人を指さしながら言った。「当店では、このような方々にはお食事をお出ししておりません」。すると神父は答えた。「今夜は出しますよ」。この日から、「このような方々」も客として扱われるようになり、町のレストランにおけるマイノリティへの差別は終わった。

必要だったのは、ひとりの市民が勇気を出して、すでに崩れかけている壁を壊すことだけだった。私は南北戦争を戦った先祖たちが、墓のなかでやすらいでいるのを感じた。南北戦争から一〇〇年近くたってもなお、私たちは彼らが命を賭した戦いを戦っていた。

この戦いは今も終わっていない。

分け隔てなく手をつなぐ

祖母とイーさん、デューク・エリントン、夫と人間関係委員会などの話を聞いているうちに、すべての人に敬意を払い、誰もが社会に参加できるようにすることの大切さが、私の人生、仕事、主張の一部となっていった。

そしてこの価値観は、ガールスカウトでの初期の活動を通して、さらに強化された。

一九六〇年代の公民権運動がはじまる前、私はアパラチア山脈にあるブルーノブ・ガールスカウト・キャンプでキャンプディレクターを務めたことがある。当時の写真を見ると、私たちがすでに多様性に配慮していたことがわかる。たとえばキャンプのスタッフで撮った記念写真には、私の隣で笑みを浮かべる黒人女性の姿がある。彼女、ローズ・ホーキンスは有能なアシスタントディレクターで、すばらしいリーダーでもあった。

ふだんは被服工場で働いていたローズは、「大きなかごを持ち歩く」ことを私に勧めてくれた（このエピソードは4章で紹介しよう）。彼女は私のヒーローのひとりだ。当時、彼女と私はどちらも小さな子どもを育てる母親で、私の息子は、ガールスカウトのキャンプに「お手伝い係」として参加したときにローズと知り合った。彼にとっても、彼女との出会いがその後の人生を豊かなものにするきっかけになったことを私は知っている。

一九七六年にガールスカウト米国連盟のCEO候補になったとき、私は人事委員会からジョンズタウンの女性リーダーに推薦状を書いてもらうよう指示された。私が提出した推薦状のほとんどが、著名な男性リーダーからのものだったからだ。そこで私は、親しくしていたマーベル・ジョンソンに推薦状を書いてもらった。彼女は優秀なコミュニティリーダーで、地域のガールスカウト支部では役員も務めていた。委員会には、彼女が黒人であることは言わなかった。マーベルは夫がかかっていた歯科医の妻で、以前から私のことをよく知っていた。私の記憶が正しければ、彼女はNAACPの会員募集キャンペーンの責任者で、私とジョンは毎年、会員としてそのキャンペーンに協力していた。

それから二年後。一九七八年に夫のジョンが亡くなったとき、何人かの米国連盟の理事がジョンズタウンの葬儀場に来てくれた。私は会場で彼女たちに、マーベルと彼女の夫を紹介した。ある理事は後日、「ジョンソンさんが黒人だって言ってくれればよかったのに」と言った。推薦状の書き手が黒人であることが、選考に有利に働いたかもしれないからだ。しかし私が彼女に推薦状を頼んだのは、彼女の人種とは何の関係もなかった。

多様な人種がひしめく、この鉄鋼と石炭と労働者の町で私が学んだことは、今も私を支えてくれている。たとえば次のようなことだ。

- インクルージョンの力
- 多様性の力
- 「○○をした初の女性」という表現が伝えているのは、その人の性別ではなく能力である
- リーダーの条件である「勇気」の力
- 言葉の力
- ミッションの力、価値観の力、イノベーションの力、多様性とインクルージョンの力――これらを活動の細部にまで行き渡らせることの大切さ

必ず自ら行動せよ

私の人生と仕事における決定的な瞬間は、何であれ、私の使命には多様性とインクルージョンが欠かせなくなることを示していた。決定的な瞬間とは、人をうわべだけではなく、根底から変えるものだ。ミッションや価値観は、説いたり、額に入れて飾ったり、年次報告書に印刷したりすることもできる。しかし、日常的に実践しないかぎり、実現することはできない。

組織のメンバーは、リーダーの言動をつぶさに観察している。もしも、リーダーの私たちの言葉や行動のあり方が組織のミッションと価値観を体現しているなら、彼らのやる気と生産性は必ず高まる。彼らの心に火をつけることができる。しかし、リーダーの言葉と態度、行動がかけ離れていれば、メンバーは失望し、やる気も生産性も低下する。彼らの心に火はつかず、ただ惰性で働くようになる。

だから、多様性とインクルージョンを重視しているというのであれば、「人々は、この組織に自分の居場所を見いだせるか」と自問しなければならない。これは、組織の主張と行動が一致しているかどうかを暴き出す重要な問いだ。この問いにはっきり「イエス」と答えられるなら、その組織には成長力と将来性がある。ガールスカウト米国連盟も、この問いを自らに投げかけ、その結果、わずか二、三年で人種的・民族的マイノリティのメンバーを三倍以上に増やすことができた。

米国連盟の仕事をするようになって間もないころ、私はスタッフと力を合わせて、ガールスカウトを、あらゆる人種、あらゆる背景の持ち主が自分の居場所だと感じられる場所にしようと奮闘していた。すると、あるビジネスリーダーが私を脇に連れだし、こう言った。「フランシス、きみとこの組織のことを本当に心配して言うんだが、この多様性とかいうやつはやめるべきだ。そんな話は誰も聞きたがっていないし、この路線をつづけているかぎり、資金はぜったいに集まらないよ」

私は丁重に礼を述べると、ただちにメットライフへ行き、新社長のジョン・クリードンを口説き、三人の優秀な仲間たちとともに、ガールスカウトの新しい募金キャンペーンの委員長になってもらった。彼らは、ガールスカウトが所有するウェストチェスター郡の約五〇万坪の美しい森林に、新しいエディス・メイシー・カンファレンスセンターを建設する費用として、一〇〇〇万ドルを調達した。これは、ガールスカウトの今後の方向性を象徴するできごとだった。

今日もまた、私はこれまでに学んだ教訓をたずさえて、私を呼んでいる場所へ行く。教訓のなかには、遠い昔に学んだものもあれば、先月学んだもの、先週学んだものもある。未来がどうなるかは誰にもわからない。しかし、私がともに仕事をしているリーダーたちはみな、未来に乗り出す準備ができている。先の見えない時代だが、「古き良き時代」に戻りたいなどとぼやく人はいない。官、民、非営利を問わず、どの組織にもすばらしいリーダーがいて、人々を先導し、行動を呼びかけ、結集させている。

今、求められているのは、大きなメッセージでも、大きな声でもない。無数の人々がそれぞれのやり方で調和をもたらし、人々をひとつにすることだ。それは、すべての人に敬意を払うことが、民主主義を維持するための絶対条件であることを私たちが理解する、決定的な瞬間である。

3

「ノー」の力に目覚めよう

ピーター・ドラッカーはよく、「集中、集中、集中」と言って私たちをいましめた（彼はこの言葉を必ずくりかえした）。ピーターと仕事をしたことのある人なら、このフレーズが常に頭のなかをめぐっていることだろう。「集中、集中、集中」という言葉が促しているのは、組織の有用性（relevance）、生存力（viability）、そして未来の成功を決定づける重要な戦略に注意を払うことだ。

しかし集中するためには、自分や組織にふさわしくないものに「ノー」と言うことも学ばなければならない。そうすることで初めて、私たちは自分自身を、人生の目的を、たえず明確にしていくことができるのだ。

決められるのは自分だけ

私が最初にノーの力を発見したのは、ピーター・ドラッカーと出会うはるか前、わずか六歳のときだった。その日、小学校一年生の私は、初めての通信簿を持って家に帰った。父はうれしそうに通信簿を眺めていたが、そこに記された名前に目をとめると言った。「間違いがあるぞ。おまえの名前はフランシス・アン・リチャーズじゃない。フランシス・ウィラード・リチャーズだ」

そのとき、私はこう答えた。「ウィラードは男の子の名前でしょ。フランシス・ウィラードじゃ、男の子みたい。だから名前を変えたの。私が先生に、『私の名前はフランシス・アン・リチャーズです』って言ったのよ」(アンは母の名前だった)。叱られると思ったが、何も起きなかった。そっぽを向いた父の顔には、小さな笑みが浮かんでいた。

父からフランシス・エリザベス・ウィラードの話を聞いたのは、もっと大きくなってからだ。彼女は女性キリスト教禁酒同盟(WCTU)を立ち上げた人物で、父の父(私の祖父)のよい友人だった。祖父のリチャーズも、「禁酒」にかけては彼女と同じくらい熱心だったから気が合ったのだろう。祖父に娘(私のおば)が生まれると、彼女にあやかってフランシス・ウィラード・リチャーズと名付けられた。そして、父に長女となる私が生まれたときも、その伝統にしたがって、フランシス・ウィラード・リチャーズと名付けられた。それなのに六年後、私はアリス・ジョーンズ先生（私にとっては世界一の先生）のところへ行き、通信簿の名前を変えてほしいと頼んだ。「私の名前はフランシス・アンです」と言って。ジョーンズ先生は、私が頼んだとおりにしてくれた。

ささいなことに思えるかもしれない。実際そうだったのだろう。しかしこの何気ないできごとに、人生に対する私の姿勢があらわれているように思う。人間は自分で自分を定義する必要がある。自分は何者なのか、今、この活動をしている理由は何か――それは他人には定義できない。名前に違和感があるなら変える。違うバスに乗ってしまったなら降りる。そうするのは自分自身だ。

間違った席に座ったなら席を変える。間違った方向に進んでいるなら向きを変える。ウィラードという名前が自分の本質を表していないなら、六歳だろうと、六〇歳だろうと、ウィラードとは決別しなければならない。

レーガン大統領にノーと言う

大人になってからも、私は自分の使命を理解するうえでノーの力に助けられた。とくに印象に残っているのは、レーガン政権時代にホワイトハウスに招かれ、入閣を打診されたときのことだ。

初めてレーガン大統領に会ったのは、ガールスカウト米国連盟が七〇周年を迎える一九八二年のことだった。ある日、ニューヨークのガールスカウト本部にある私のオフィスに、大統領からメッセージが届いた。ホワイトハウスでガールスカウトの設立七〇周年を祝う昼食会を催したいので、一二五名分の招待客リストを送ってほしいという。私たちは期待に胸をふくらませながら、ガールスカウトの少女たち、米国連盟と支部の役員やスタッフ、主だった支援団体などの名前を書き送った。

ホワイトハウスのガールスカウト・デイは、レーガン大統領夫妻の主催で三月一二日に開かれた。私の席は、大統領とメットライフの社長、ジョン・クリードンの間だった（前章で述べたように、クリードンはエディス・メイシー・カンファレンスセンターの建設費一〇〇〇万ドルを調達するキャンペーンで委員長を務めてくれた人物だ）。昼食会がはじまると、レーガン大統領から、一九一二年にさかのぼるガールスカウトの長い歴史について、感動的なスピーチがあった。大統領はあとで、そのスピーチ原稿を私にくれた。

それから四年後の一九八六年、ガールスカウトは「セイ・ノー・トゥ・ドラッグ（Say No to Drugs）」という大規模な麻薬撲滅プログラムを立ち上げた。そしてプログラムの開始を記念して、ワシントンのリッツカールトン・ホテルで夕食会を開くことにした。そこで、レーガン夫人にも来賓として参加してもらえないかと打診すると、こんな返事が返ってきた。「夜はロニー［訳注：レーガン大統領の愛称］の付き添いなしに出かけることはありませんが、昼食であれば参加できます」

私たちはナンシー・レーガンを招いて、優雅な昼食会を開いた。にぎやかな会場で、美しく額装されたガールスカウトの「セイ・ノー・トゥ・ドラッグ」バッジの第一号がレーガン夫人に贈られた。全国のガールスカウトたちにとって、それは胸が高鳴るような瞬間だった。

大統領の内閣担当スタッフから電話があったのは、それからしばらくたったときだ。レーガン大統領の要請で、内閣入りの可能性について話し合いたい、ついてはワシントンまで来てほしいという。なんという名誉。おそらくは人生最高の名誉だ。しかし私は、これが自分にとって正しい道なのか確信が持てなかった。ワシントンに着くまでの間、私は正しい決断ができますようにと天に祈った。これが自分の人生にとって、一、二を争う重要な決断になることはわかっていた。

当時のアメリカでは、少女が健全に成長することが非常に難しかった（今日の状況はさらに悪化している）。おりしもガールスカウトは時代の変化に合わせてプログラムを一新したところだった。ボランティア、理事、スタッフなど、すべての人に学習の機会をもたらす、過去に類をみない包括的なリーダーシップ開発プロジェクトを推進していた私は、確かな手ごたえを感じていた。ガールスカウトが、このとてつもなく大きな変容のさなかにあるまさにそのとき、私はワシントンに呼ばれたのだ。はたして、この仕事を引き受けることが自分の使命なのだろうか？　私は何度も自問した。

ホワイトハウスに到着すると、レーガン大統領の代理人が美しい居間に通してくれた。全員が着席し、代理人が歓迎のあいさつをしたところで、私はこう切り出した。「お電話をいただいて以来、熟考に熟考を重ねてきました。母国に奉仕する機会を、しかも大統領やホワイトハウスとともに奉仕する機会をいただいたことは大変光栄に思っています。でも私は、このままガールスカウト米国連盟のCEOでいることが、この国に奉仕する最善の道だと結論するに至りました。わが国の若者、少女、ガールスカウトたちは今、私たちからの最大限のサポートを必要としています。レーガン大統領には、くれぐれもよろしくお伝えください。私のことを思い出してくださって、本当にありがとうございました。でも私の使命は、ガールスカウトを通して、この国に奉仕することだと思うのです」

代理人は私の決意を尊重し、丁重に見送ってくれた。

あのとき私は、今ガールスカウトの職を辞めれば、この運動を見捨てることになる、と感じていた。新しいCEOの人選や新体制への移行に気を取られていては、変革の勢いが衰える。ガールスカウト運動は、その歴史始まって以来の大変化のさなかにあり、私はその一翼を担っていた。政府の一員として、これまでとは違う役割で国に奉仕するチャンスを与えられたことはこの上ない光栄だったが、このタイミングでガールスカウトを離れることはできなかった。

結局、自分でも驚くほど明快な結論に至った。私はガールスカウトに残らなければならない。ここが私の属する場所だ。もう思い悩む余地はなかった。迷いも悔いもなかった。私の家族は何世代にもわたって、何らかの形で国に奉仕してきた。政府の仕事を引き受けることは、その最たるものだったかもしれない。しかし、私には少女たちに奉仕するという使命があった。今になって思えば、これは私個人というよりも、ガールスカウトそのものの問題、すなわち二二五万人の少女と若い女性、六五万人のボランティア、そして七六万六〇〇〇人に達しようとするスタッフにかかわる問題だった。

とはいえ、実際に「ノー」と言うのは難しかった。祖国が自分を求めているなら、応えたいと思うのが人情だ。それでも断ることができたのは、ガールスカウトにとどまることを求める内なる声が、それ以上に強かったからだ。当時の社会には、少女の健全な成長を妨げるさまざまな力が働いていて、何らかの手を打つ必要があった。

内なる魂（私はこれを「人生のささやき」と呼んでいる）に耳を傾けることはとても大切だ。この声を無視すれば、活力は衰え、仲間、友人、あるいは自分自身や家族のことすら、正しく理解できなくなる。そして、人生のささやきは往々にして私たちに、「ノー」と言うことを求める。持てる力を最大限に発揮し、自らの使命を果たすために。

組織が「ノー」と言うべきとき

ノーの力は、組織にとっても重要だ。この力を使わないかぎり、組織のミッションは雑多な活動やプログラムの雑音にかき消されてしまう。ガールスカウトも例外ではない。ミッションを維持するためには、ふだんからノーの力を活用する必要があった。

CEOを務めていたとき、私は企業からよく「甘い話」を持ちかけられた。こうした企業は、少女たちを小さな辣腕《らつわん》セールス集団と見なしていた。ガールスカウトには家々をまわってクッキーを売る伝統があったからだ。彼らはクッキーと一緒に自社のパンフレットを配るという条件で、驚くような額を提示した。それだけの資金があれば助かることは間違いなかった。しかし、少女たちに営利企業の販促資料を配らせることは、ガールスカウトのミッションと何の関係もなかった。だから私は、こうした申し出を受けるたびに、感謝の言葉を伝えたうえで、自分たちはミッションを重視していること、その申し出はミッションとは相容れないことを伝えた。

あるエグゼクティブは不満げに言った。「でも女の子たちは、そこかしこでクッキーを売っているじゃありませんか！」。私は丁重に説明した。「彼女たちはプログラムの一環としてクッキーを売っているのです。商品を宣伝しているわけではありません」
はるか昔、クッキー販売プログラムがはじまったばかりのころは、少女たちは自宅でクッキーを焼き、それを近所の人々に売っていた。売り上げはそれぞれの団のものだった。その後、プログラムの規模が大きくなり、クッキー製造は外部の業者に委託されるようになった。私がガールスカウトを辞めたときには、三社の七つの工場で生産され、収益は年三、四億ドルに達していた。当時も、売り上げは連盟本部ではなく、各支部や団に入るようになっていた。

このプログラムは、少女たちがスキルを身につける場でもあった。たとえば彼女たちはクッキーを売ることで、客にはどう話しかければいいのか、自分たちやガールスカウトの物語を伝えるにはどうすればいいのかを学んだ。客が求めているものを知り、注文を取り、クッキーを届ける方法を学んだ。つまるところ、それは約束を守るということだった。何より彼女たちは、いつでも「ありがとう」と言うことを学んだ。

このプログラムを通じて、少女たちはほかにもさまざまなスキルを身につけた。団の資産を管理し、「投資」先を選ぶこともそのひとつだ。私がジョンズタウンの第二長老派教会の地下でガールスカウト第一七団のリーダーを務めていたとき、クッキーが大量に売れたことがある。売り上げの使い道は三〇人の少女たちが自分で決めることになっていた。私がこの団ですごした最後のころのことで、少女たちは高校生になっていた。

彼女たちは、ニューヨークに行って自然史博物館とメトロポリタン美術館を訪れ、地下鉄に乗り、さらに電車でコネチカット州ミスティックまで移動して、一八世紀の四本マストの帆船「ジョセフ・コンラッド号」で一週間の船旅をするという計画を立てた。鉄鋼と炭鉱の町で暮らす少女たちに、これだけの冒険を企てる想像力があると誰が想像しただろう。すべてはガールスカウトのプログラムとクッキー販売の成果だった。彼女たちは、単なるマーケティングやクッキーの販売方法ではなく、もっとずっと大きなものを学んだのだ。

クッキー販売はプログラムであって、ただの宣伝活動ではない。私たちはガールスカウトがミッションからぶれることのないように、必要なときはノーと言った。一見すると魅力的だが、実際には少女たちを利用しようとしている申し出は断った。そんな申し出は、彼女たちにふさわしくないからだ。どんなときも、まず問うべきは「それは少女たちの成長に寄与するか」だった。大金の申し出を断るのは多少の勇気がいったが、まず考えなければならないのは、ミッションと価値観だった。ミッションに集中してさえいれば、ぱっと見には魅力的でもミッションに寄与しない申し出には、難なくノーと言うことができる。

ミッションに情熱を持ち、価値観に忠実でいれば、ノーの力はリーダーと組織が倫理的に行動することを助けてくれる。ノーの力を学ぶことは、決して後ろ向きの行為ではない。それはむしろ、強力で前向きの行為だ。私にとっては、自分らしく生きるための基本原則でもあった。

第Ⅱ部

私のやり方

4

リーダーへの階段を上る

世の中には、歩きはじめたころにはすでにリーダーだったという人もいる。しかし、それ以外の人は、若いころにリーダーシップを意識的に学びはじめ、「出世の階段」をのぼりだす。

リーダーになる道はいくつもある。私の場合、それはガールスカウトの団リーダーからはじまった。私はそこで、多くの貴重な経験をした。はじめは六週間の約束で引き受けた仕事だったが、気づけば八年間もつづけていた。

白状すると、当初はガールスカウトのリーダーは自分に向いていないと思っていた。地域のガールスカウト支部の理事長が私に白羽の矢を立て、何度も説得に来たが、私はそのたびにガールスカウトに参加しない理由を並べた。私は男の子の母親で、女の子のことなどさっぱりわからないのだ、と。

それでも彼女は食い下がった。一一月のある日、彼女は私の家に立ち寄ると、ガールスカウト第一七団にまつわる悲しい物語を語った——団リーダーが伝道のためにインドへ行ってしまったので、この団は解散の危機に瀕している。このままでは、第二長老派教会の地下で活動してきた三〇人の少女たちは見捨てられてしまう……。私はついに折れ、「本物の」リーダーが見つかるまでの間、六週間の期限付きで団リーダーになることを承諾した。

初めての集会にそなえて、私はまず、ガールスカウトの歴史に目を通した。ガールスカウトは、一九一二年にジュリエット・ローという女性が、ジョージア州サバンナで創設したという。一九一二年といえば、米国の女性が選挙権を獲得する八年も前だ。私は大いに興味をそそられた。そんな時代に、この女性は少女たちに向かって力強く呼びかけた。「覚えておいて。なりたいと思うなら、あなたたちは何にだってなれるのよ。医師でも、弁護士でも、飛行士でも、熱気球乗りでも」

読みすすめていくうちに、小学校二年生のときの記憶がよみがえった。先生が一人ひとりの生徒に順繰りにたずねた。「大人になったら何になりたい?」。そのころ、郵便物を飛行機で運ぶようになったという話を読んだばかりだった私は、きっぱりとこう答えた。「大きくなったら、パイロットになってお手紙を運びたいです」。すると、教室の男子たちから一斉にヤジが飛び、大柄で乱暴者の男の子が言い放った。「女が飛行機を飛ばすなんて聞いたことないぞ」。

私はすぐに引き下がった。もしこのときにジュリエット・ローを知っていたなら、男の子たちの嘲笑などはね飛ばして、自分の夢を追いかけていただろう。

ガールスカウトのミッションにも魅力を感じた。しかし、とくに気に入ったのは、これが国際的な組織だという点だった。そのときの私は、まだ一度も外国に行ったことがなかった。

資料を読み終えると、私は何のトレーニングも受けないまま、教会の地下で開かれる集会に向かった。勝手はわからなかったが、ともかくも団のメンバーに自己紹介をし、「私がみんなのリーダーよ」と告げた。この一方的な宣言に疑問をさしはさむ一〇歳児はいなかったが、私自身は居心地が悪くて仕方なかった。

私が自分をリーダーと呼んだのは、このときが最初で最後だ。

三〇人の少女に学ぶ

第一七団の三〇人の少女たちは活力にあふれ、団の活動や集会、ガールスカウトの価値観の実践に精力的に取り組んでいた。そしてそのエネルギーと熱意は、周囲にも伝染した。

彼女たちは常に新しいことを学びたがっていた。「だめよ。今日はこれをやるんだから」などと言ったことはない。ここは彼女たちの団だ。決めるのは彼女たちだった。団は複数の班に分かれ、どの班にも若いリーダーがいた。私のしたこと（あるいはしなかったこと）は、今では「エンパワーリング〔訳注：メンバーが主体的に行動できるようにすることで各自の能力を引き出し、ひいては組織の活力を高めること〕」と呼ばれているが、私自身は、メンバーのエネルギーと創造性を解き放ち、自分たちで計画を立てられるようにすることが大事なのだと考えてきた。要するにリーダーシップの共有だ。

前章でも触れたように、第一七団は予測をはるかに超える数のクッキーを売ったため、資産運用にも取り組むことになった。少女たちは視野を広げるために初めての土地を訪れることを決めた。コネチカット州ミスティックでは帆船で一週間の船旅を楽しみ、ニューヨークでは、地下鉄に乗ってメトロポリタン美術館と自然史博物館を訪れた。

ほかにも、たくさんの冒険に挑んだ。

私がリーダーだった時代に、第一七団はキャンプ・ブルーノブも訪れた。キャンプ・ブルーノブは、ペンシルベニア州で二番目に高い山にあるガールスカウトの宿泊キャンプだ。メンバーの多くはのちに、このキャンプのジュニアカウンセラーになり、リーダーシップの経験をさらに深めた。

少女たちの家庭環境はさまざまだったが、とりたてて裕福な家庭の子はいなかった。一〇歳から一二歳のころに、社会が押しつけてくる古い枠組みをはねつけ、明るい未来を想像できることは極めて重要だ。たとえば、地元の公立図書館（一八八四年にアンドリュー・カーネギーの寄付で建てられたもの）の「説明員」になったことは、彼女たちにとって意味深い経験となった。これがきっかけで、メンバーのひとりシャーリー・スタールは、のちに図書館司書になった。

後年、あるメンバーがこんな文章を書いてくれた。「リーダー・フランシスと初めて会ったときの私たちは、自信のない三〇人の女の子の集まりでした。将来の夢はとくになく、いつか結婚してジョンズタウンのどこかで暮らすのだろうと考えていました。でも高校を卒業するころには全員が大志を抱き、自信を持つようになっていました。団としても個人としても、私たちはたくさんのことを成し遂げました。リーダー・フランシスが、私たちみんなの人生を変えたのです」

ピーター・ドラッカーを知る何年も前に、私はマネジメントとリーダーシップの基礎を学びはじめていた。第一七団の少女たち、そして彼女たちとともに活動した経験は、想像もしなかったほど多くのことを私に教えてくれた。

ガールスカウトの価値観に対するメンバーの姿勢も、私に大きな影響を与えた。彼女たちは希望と自信、すなわち遠い昔にジュリエット・ローが掲げたガールスカウトのビジョンの大切さを身をもって教えてくれ、その思いやりとエネルギーは、私の家族にも恩恵をもたらした。団のメンバーとブルーノブ・マウンテンにキャンプに行くときは、息子のジョニーも連れていった。ジョニーはひとりっ子だったが、すぐに自分をかわいがってくれる三〇人の姉を見つけた。彼もまた、大きなチームの一員となることができたのだ。

私たちが分かち合った経験には、お金では買えない価値があった。メンバーの自信こそ、その証だ。彼女たちが一五歳になったとき、私はタルスロック支部の理事長にならないかと誘われた。この仕事を引き受ければ、団に使える時間は減るかもしれない。しかし、そのことを伝えると、少女たちはこう言った。「いつかなると思ってた」。そして誇らしげに微笑んだ。それは自分たちの能力にではなく、私に対する誇りだった。彼女たちはこうつづけた。「リーダーとして、集会にだけ来てちょうだい。あとのことはぜんぶ、私たちでやっておくから」。私はその言葉どおりにした。

やがてメンバーは一八歳になり、全員が高校を卒業した。若い未来のリーダーたちとすごした輝かしい八年間の終わりだった。しかし、当時のメンバーからは今も便りがある。彼女たちは今も、私たちのチーム、第一七団の仲間とすごした日々をうれしそうに語ってくれる。

大きなかごを持ち歩こう

教会の地下で第一七団の少女たちに最初のあいさつをした日からほどなく、私は新任の団リーダーのための研修に参加した。そしてそこで、当時は被服工場で働いていたローズ・ホーキンスと出会った。

ある日のこと。私がローズに、研修会に参加しているリーダーのひとりが「何も得るものがない」と不平をもらしていると伝えると、彼女はふるさとの格言だと言って、こんな言葉を教えてくれた。「家に何かを持ち帰りたいなら、大きなかごを持ち歩きなさい」

その日以来、私はこの絶妙なたとえを胸に、種類も素材も形も違う大きなかごをいくつも持ち歩いてきた。小さなかごには、小さなビジョン、小さな視野、小さな期待、小さな影響力しか入らない。しかし大きなかごを持ち歩けば、たくさんのものを持ち帰り、それらを使って人々の人生を変え、コミュニティを築くことができる。組織や社会を変革することができる。そして最終的には自分自身が大きく変わる。

ローズは、学ぶことの価値を正しく理解していた。彼女の二人の娘たちは、母親のすすめで大学院の学位を取得した。ガールスカウトに入って間もないころ、私たちはどちらも子育ての真っ最中だった。もう亡くなってしまったが、彼女は今も私のヒーローのひとりだ。

一歩、一歩、大きな舞台へ

その後、私は地域のガールスカウト支部の理事長、つづいてガールスカウト米国連盟のCEO、ナショナルプログラム委員会の委員長、さらには国際委員会の委員を務めたが、初めて外国を訪れたのは一九六〇年代、まだ連盟理事のときだ。六人の米国連盟代表のひとりとして、三年ごとに開かれるガールガイド・ガールスカウト世界大会に出席することになったのだ。この年の会場はギリシャだった。それまで国外に出たことは一度もなかった。興味のある国や地域はたくさんあったが、実際に訪れる機会はないと思っていた。

覚えているのは、ギリシャ王妃が私たちを出迎えてくれたことだ。会場からはパルテノン神殿が見えた。本当にすばらしい経験だった。この大会で私は、世界中（アフリカ、アジア、欧州、ラテンアメリカ）から集まった三〇〇人の女性たちと出会った。その全員が、ガールスカウトの「やくそく」と「おきて」を実践し、ガールスカウトの歴史を共有していた。

大会の最後には、王と王妃の主催でクレタ島へのツアーが行われた。そのとき私は、島の美しい公園で、ひとりの男性が木陰に座っているのを見た。彼は私と私の制服を眺め、米国連盟のワッペンに目を留めると、訛りのある英語でこう言った。「ピッツバーグを知ってるかい？」。「ええ、そこから一二〇キロ離れたジョンズタウンの生まれよ」。彼は昔ピッツバーグの製鋼所で働いていたが、クレタが恋しくて帰国したのだという。気持ちはよくわかるわ、と私は言った。「私もクレタが大好きだもの」。アテネに戻る船のなかでも、私はこの男性のことを思い返して微笑んだ。

手元には今も、ガールスカウトの制服にベレー帽と小さな白い手袋というでたちで、アテネ行きの飛行機のタラップを上っている仲間たちとの写真がある。このころの私は、ガールスカウトという国際組織の運動に参加している自分を、なんと恵まれているのだろうと感じていた。

それ以来、私は何度も海外に足を運んでいるが、どの国を訪れても、その土地の人々を見るとジョンズタウンの高校でともに学んだ友人たちのことを思いだす。一八八〇年代から一九〇〇年代初頭にかけて、ジョンズタウンの製鋼所や炭鉱には世界中から労働者が集まっていた。だから子どもたちも国際色豊かだった。私がどの国に行ってもわが家にいるようにくつろげるのは、ジョンズタウンで育ったおかげだ。

ボランティアの仕事も、理事会のナショナルトレーナーの仕事も好きだった。国内や海外（インド、タイ、ケニアなど）で開かれるガールスカウトの会合に参加するのも楽しかった。ガールスカウトのミッション、価値観、そして地域や国内外でのボランティア活動は、私の人生をじつに豊かで、実り多いものにしてくれた。夫と息子はいつでも、この冒険の仲間であり、私の応援団だった。

一九七〇年のある日、私は地域で活動している三人のビジネスリーダーからランチに誘われた。銀行の頭取と、ユナイテッドウェイの理事長と会長だ。私は三人とも知っていた。このとき私は、秋にはじまるユナイテッドウェイの募金キャンペーンで委員長を務めることを承諾していたが（女性が委員長を務めるのは過去四〇年間で初めてのことだった）、それはこの三人に口説き落とされたからだ。私たちは友人だった。

ランチを食べながら、ひとりがこう言った。「タルスロック支部の新しいCEOを見つけたよ。きみに報告したくてね」（この支部のCEOは空席で、支部の財政は危機的状況にあった）

「すごいじゃない。誰なの？」

彼らは言った。「きみだよ」

私は驚いて、即座に断った。「申し訳ないけど、私はボランティアよ。有給の仕事を引き受けるつもりはないわ」

すると三人はこう言った。「それは残念だな。きみが引き受けてくれないなら、ガールスカウトとユナイテッドウェイの関係もこれで終わりだ」

私は現実を直視して、こう答えた。「わかったわ。でも半年だけよ。その間に財政を立て直して、もっとふさわしいリーダーを探しましょう」。こうして私はタルスロック支部のCEOとなった。そしてそのひと月後には、自分にとってマネジメントがすばらしい冒険であることに気づいたのだった。

CEOとしての初日、私はピーター・ドラッカーの『経営者の条件』（ダイヤモンド社）を六冊かかえてオフィスに行き、スタッフ全員に配った。ドラッカーを直接知っていたわけではない。しかし彼の哲学こそ、タルスロック支部のガバナンスとマネジメントに必要なものだということはわかっていた。彼の哲学とビジョンはガールスカウトにぴったりで、この本はまるで私たちのために書かれたような気がした。

ドラッカーの文章には魔力があった。彼は書くときも、話すときも、優雅で無駄のない言葉を使った。その言葉は私たちを結びつけ、鼓舞し、未来へと駆り立てた。彼が掲げたビジョンは私たちの心をとらえ、私たち自身のものとなった。

タルスロック支部にはドラッカーの著作がすべてそろっていた。彼の哲学は私たちに、ペンシルベニア州の小さなガールスカウト支部を改革し、静かな革命を起こす勇気をくれた。私たちはサーキュラーマネジメントを開発し（これについては6章で詳述する）、「丸い世界におけるマネジメント（managing in a world that is round）」を実践することで階層を排し、多様性に富んだ組織をつくりあげていった。

ドラッカーの哲学は私たちの哲学となった。それは私たちのミッション、価値観、将来のビジョンと完璧に一致していた。冷淡で人間味のない、指揮統制型の古い階層組織は姿を消した。代わって登場したのは、活力と情熱にあふれたミッション、価値観、人間、説明責任、パフォーマンス――つまりドラッカー流のマネジメントシステムだった。

タルスロック支部の優秀なボランティアとスタッフたちは、四年をかけて組織改革を成し遂げた。それればかりか、まったく新しい戦略立案ツールまでつくりあげた。私たちはこのツールを「ガールスカウト団における効果的なプログラム運営のための五つのステップ」と名付け、コピー代のみでほかの支部にも提供した。

また、前述したユナイテッドウェイの募金キャンペーンでも、インクルージョン、多様性、アクセスの平等は、私にとって欠くことのできないものとなった。

このキャンペーンの副委員長には、ジョンズタウンに拠点を置く全米鉄鋼労働組合のトップ、アーネスト・ウォズワースを指名した（これは委員長のうれしい特権だ）。ジョンズタウンから副委員長が出るのは初めてのことだった。ユナイテッドウェイの理事長は、労組の人間を副委員長に任命しても問題ないかをベツレヘムスチールに確認したが（ベツレヘムスチールはユナイテッドウェイの重要な支援団体だった）、同社は私の選択を支持してくれた。

アーネストと私は強力なタッグを組み、ベツレヘムスチールの熱心なサポートのもと、これまでにない方法で地域社会に働きかけていった。

キャンペーンは、ベツレヘムスチールが主催する昼食会で幕を開けた。その夜にはＡＦＬ―ＣＩＯ（アメリカ労働総同盟・産業別労働組合会議）と全米鉄鋼労働組合の共催で大規模な夕食会が催された。ＡＦＬ―ＣＩＯ本部の副委員長だったレオ・パーリスもワシントンから駆けつけ、スピーチをしてくれた。女性の委員長ではこれまでと同等のサポートは得られないかもしれないと危惧した多くの女性たちも、互いに呼びかけ合ってキャンペーンを支えてくれた。

まもなく、インクルージョンの力が明らかになった。私たちの小さな町はこの年、ユナイテッドウェイのすべてのキャンペーンのなかで、ひとりあたり寄付額の首位に立った。翌年も、アーネストが委員長を務めて大成功をおさめた。

それから四年後、私はペンシルベニア東部にある大きなガールスカウト支部、ペンローレル支部から電話をもらった。ヨークに来て支部CEOになってくれないかという依頼だった。同じ週、今度は映画製作者、作家、編集者として活動していた夫のジョンのもとに、ペンシルベニア州知事から電話が入った。州都のハリスバーグに来て、知事がはじめた「アーティスト・イン・スクール」プログラムを手伝ってほしいという。

二つの仕事場は車で三〇分ほどしか離れていなかった。天のはからいというほかない。

まるで何かに呼ばれているような気がした。私たちはジョンのスタジオを売却し、自宅は人に貸した。そして、ジョンはハリスバーグでペンシルベニア芸術協議会の仕事を、私はヨークとペンシルベニア・ダッチ・カントリーでガールスカウトの仕事をはじめた。新しい住まいは互いの間をとって、ハリスバーグとヨークの中間に借りた。

ジョンズタウンから引っ越すときは、町の鉄鋼会社の重役たちが、ペンローレル支部の周辺で活動している実業家たちに紹介状を書いてくれた。ある銀行の頭取は、ヨークに親しくしている頭取がいると言って名刺をくれた。そのおかげで、私は一九七五年のガールスカウト募金キャンペーンの委員長に中央銀行の取締役会長を迎えることができ、結果として前年の二倍の資金を調達することができた。

ジョンズタウンの中央労働協議会も、支援の手を差しのべてくれた。彼らはヨークの労働組合のメンバーに電話をかけると、「組合労働者の真の友人」がヨークに引っ越すので助けてやってほしいと伝えてくれた。このようなサポートは、私が米国連盟の仕事をするためにニューヨークシティへ引っ越したときにもつづいた。

タルスロックでの最後の仕事のひとつは、一九七五〜七六年のファンドレイジング・ディナー（資金調達のための晩餐会）の委員長に、下院議員のジョン・P・マーサをスカウトすることだった。彼は、委員長に誘っておきながら自分は町を去ったと私をからかったが、その後三五年以上にわたってファンドレイジング・ディナーの委員長を務め、ガールスカウトの活動をサポートしてくれた。

人はなぜ「属する」のか

ペンローレル支部のＣＥＯを務めていた一九七六年初頭に、近隣六州の支部ＣＥＯを対象とした会議が開かれたことがある。そのとき私は同僚から、「属することの意味」をテーマに話をしてほしいと頼まれた。そのスピーチを、以下に紹介したいと思う。支部CEOの仲間のためにこの原稿を書いたときは、自分が米国連盟CEOの候補者になるとは思ってもいなかった。米国連盟CEOの座は、すでに一年にわたって空席になっていたが、ガールスカウトの六四年の歴史のなかで、米国連盟CEOが組織の内部から選ばれたことは一度もなく、それが変わるとも思えなかった。当時の私にとって、ニューヨークははるか遠い世界で、ペンシルベニアを離れることなど想像すらしていなかった。

しかし天のはからいとは不思議なものだ。私はその年の後半には、ニューヨークで「属すること」の哲学を開陳していた。米国連盟が私の新しい肩書きを発表したのは、私が支部CEOたちの前でこの持論を展開した、わずか数カ月後のことだった。それが以下のスピーチだ。

属することの意味

「属するとはどういうことか」。これは一九七六年の支部CEOが問うべき、重要な問いです。というのも、私たちはガールスカウト運動にとって、これ以上ないというほどすばらしい時代を生きているからです。

一九一二年以来、私たちはこの核心的な問いに答えつづけてきました。属することの意味に対する私たちの答えは、当時も今も、時代に大きく左右されます。しかし、現在のような混乱した時代にも、この運動の基本的価値観と真理は色あせることなく、活力にあふれています。私たちの運動の価値は、約七五年前にベーデン・ポウエル卿が生き生きとした筆致でミッションを書き上げたときと同じくらい、みずみずしく、本質をついたものでありつづけています。彼が描いたミッションとは、高い倫理観、すぐれた目標設定能力、人類の未来に尽くす興奮……そして世界の隣人というビジョンです。

ガールスカウトがサバンナで誕生してから六七年、いかなる大惨事も、世界規模のホロコーストも、社会的・経済的進化も、(宗教を問わず)神に奉仕すること、母国に奉仕すること、そして人々の生活を改善することに根ざした運動の必要性を減じることはありませんでした。

今日のメンバーである少女、そして成人男女は、ガールスカウトの「やくそく」(「私は/神(仏)に対するつとめを行い/地域と国と世界への責任を果たし/人に役立つことを心がけ/ガールスカウトのおきてを守ります」)と、そこに示された価値観が生みだす安心感に支えられて、確信をもって、ガールスカウトの基本的価値観を、自らの人生に意味と真正さをもたらす言葉で再定義しようとしています。

人間は文化の産物であり、社会的な力に影響を受けます。「属することの意味」に対する私たちの答えもまた、肯定的な力と否定的な力の両方から影響を受けています。

何千ものコミュニティを見てください。学校は危機的状況にあり、制度的な人種差別が人々から力を奪い、全国で進んでいる家族の変質が混乱をもたらしています。

先日、マーガレット・ミード［訳注：米国の文化人類学者］はこう言いました。「一九七〇年代初頭まで、悲観論者たちは〝家族は死んだ〟と主張していた。ひとり親家庭は八〇〇〇を超え、そのほとんどは低所得の母子家庭だ……しかし家族は死んではいない」。そして断言しました。「家族は今、嵐の時期を経験している。何百万人もの子どもたちが、現在起きている解体、実験、不満の犠牲となっている。結婚すべきでない大人は、そのことを自覚しはじめており、結婚して親になることは万人の義務というより、適性のある者が選択するものと見なされるようになった。私たちは、より人間らしいあり方を模索しているが、次の課題は社会に蔓延している早熟な性、愛も喜びもない性に対する誘惑から、若者をいかに守るかだろう」

ミードが描いているのは、一九七〇年代後半の家族の姿です。この一〇年間の迷走が少女に与えた影響については、多くの研究が憂慮すべき数字を報告しています。米国では一九七四年に一〇代の妊娠が七五万件に達しました。つまり現在では、この国で妊娠する女性の三人にひとりが一〇代なのです。ペンシルベニア州ヨークでは、地元紙に「避妊する九歳児／一〇代の出産が急増」という見出しが躍り、読者に衝撃を与えました。この記事は、カリフォルニアの小児科医の言葉として次のように伝えています。「一一歳、一二歳の子どもたちが出産している現実を見れば、性についての教育をはじめる年齢が遅すぎることは間違いありません」。小児科医はこうつづけます。「少女たちには教育が必要です。自分で判断するためには、知識を身につけなければなりません。もっと小さいうちから——たとえば五歳くらいから、人は何のためにセックスをするのかを考えられるようにする必要があります。九歳児がセックスをしている以上、八歳半では遅すぎることは明らかです」

また、レスリー・ウェストフは、ニューヨークタイムズ・マガジン紙に掲載された「キッズ・ウィズ・キッズ」という記事のなかで、新たな傾向に言及しています。中産階級の白人家庭で、一〇代の少女が未婚のまま出産し、しかも子どもを養子に出さず、手元で育てようとするケースが増えているというものです。この選択がもたらす結果を予測できている少女はほとんどいません。

一九七四年には、二〇万人以上の一〇代の少女が未婚のまま出産しました（白人が八万五〇〇〇人、黒人が一二万一〇〇〇人）。この数は増加の一途をたどっています。一九七一年から七四年にかけて、一五歳未満の少女による非摘出子の出産の増加率は、黒人の間では三%でしたが、白人の間では三二%に達しました。そして現在、こうした白人少女たちの五人に四人が赤ん坊を手元に残し、自らの手で育てることを選択しているのです。一〇代の妊娠の急増がもたらした社会的、人間的問題のなかでも、児童虐待ほど痛ましいものはありません。複数の研究結果が、「児童虐待の事例、すなわち児童に対する暴力やネグレクトは、母親の年齢と密接に関連している」と指摘しています。

米国の家族が直面した、一〇代の妊娠という深刻な問題に安易な回答はありません。しかもこれは、ブラウニーたち［訳注：小学校一〜三年生のスカウトメンバー］を育んでいる世界に影響を与えている強力な力の、ほんの一部にすぎないのです。

このように今、ガールスカウトの成人メンバーは無数の課題に直面しています。しかし、そこには課題と同じくらい、チャンスも存在しています。私たちは最高の時期に、最高の場所で、ガールスカウトの支部CEOを務めているのです。

これまでにもチャンスは常にありました。しかし今ほど私たちのミッションにふさわしい時期、ガールスカウティングの価値と、それが少女の人生に及ぼす影響について、堂々と肯定的な立場をとることのできた時期はありません。

幸い私たちは、「キツネとともに逃げ、猟犬とともに追い立てる」といったご都合主義に流されることが容易だった時代にさえ、西側世界の寵児《ちょうじ》になろうとはしませんでした。

私たちは、それが「流行り」ではなかったときに人種差別の撤廃に取り組みました。幹部のほとんどを男性が占めているユナイテッドウェイのなかで、少女のためのプログラムが平等な支援を得られるように戦いました。この戦いは今もつづいています。

私たちは女性参政権が認められる前から男女平等を唱えてきました。ガールスカウトの少女たちは、まだ飛行機で行くことのできない地域と交流し、すべての大陸の少女たちと手をつなごうとしました。一九六〇年代に、ガールスカウトの価値を疑問視する人々が私たちを時代遅れと呼んだときには、平和部隊が時代遅れだというなら、自分たちもまったくそうだと認めました。奉仕、誠実さ、思いやり――こういったものをおとしめるのは困難です。一九一二年、ガールスカウトは「時代が追いついたアイディア」でした。そして一九七六年、ガールスカウトはふたたび、新しい、思いもよらない形で「時代が追いついたアイディア」となったのです。

ジャーナリストのジェームズ・レストンは、ニューヨークタイムズ紙に寄せた記事のなかで、早期に行われた予備選挙に参加した有権者たちが送っている〝メッセージ〟に言及しています。「彼らは非常に慎重で穏健だった。エリック・ホッファー［訳注：米国の社会哲学者］が *In Our Time* のなかで述べているように、『彼らは自分に起きていることをよく理解していない。過去から切り離された、別の国の別の人間』なのだ。ホッファーの考えでは、

『彼らは今も信念の力を信じており、過去の価値観をなつかしんでいる』」

有権者が「よりシンプルで、正直で、穏健な人間と政策」を求めていることは間違いないとレストンは述べています。現在の状況は、くしくもシャルル・ドゴールが戦後の重要な時期に、国民が聞きたがっていることを言うのではなく、精神的な手本を示すことでフランスを結束させたことと似ているというのです。

フランスの男女は、祖国が危機的状況にあったとき、国民投票にかけられるような重要な問題において、なぜ常にドゴールを支持したのでしょうか。この問いに対して、フランスの人々、とくに女性たちはシンプルで人間的な答えを述べています。「彼が正しいのか、間違っているのかはわかりません。でも私たちは彼を信頼しているのです」と。「彼は私たちの後悔です――失ってしまったことを悔やんでいる価値観の象徴です。だから私たちは彼を支持します。彼の価値観を信じたいのです。たとえ自分自身はもう、その価値観にしたがって生きてはいないとしても」

これは米国や、ガールスカウトの支部がある地域社会が共有している思いではないでしょうか。私たちは今、絶好の位置、独自の位置につけています。私たちには、シンプルに見えながら、少女と成人男女の人生に意味を与えられる価値観があります。少女と女性の価値観と、少女には成長し、自らの可能性を最大限に開花させる権利があるという信念に基づいたプログラムがあります。暗く悲惨な一〇年に人間らしい希望をもたらすプログラムがあります。

ガールスカウト運動が手にしている新しいチャンスを説明するために、なぜ議論の分かれる予備選挙を持ちだすのかといぶかしく思うかもしれません。でも、これは私が支部CEOとして、日々行っていることなのです——私は常に現在の動向やできごとを観察し、それがガールスカウティングに及ぼす影響を探っています。現在の動向は疑いようもなくはっきりしています。ガールスカウトは真実を、私たちが指針としてきた価値観を、これまで以上に明確に伝えていかなければなりません。私たちは七〇年代の少女たちと「やくそく」をかわしているのですから。

この国は今、危機、無秩序、既存の組織に対する不信感であふれています。私たち自身も、この運動を通じて、冷淡で無神経なお役所仕事と言われるものと戦ってきました。しかしこうした状況こそが、ガールスカウティングが再生するためのまたとない土壌、私たちが若者とともに若者のために取り組まねばならない戦いの、肥沃な土壌となっているのです。

米国が独立二〇〇周年を迎えようとしている今、私たちは大いなる内観に取り組んでいます。過去を振り返って来し方を検証し、これからの道のりを見すえています。建国当時の輝かしい日々と比べれば、この二〇年間のできごとはつまらないものに思えるかもしれません。国民は権利章典や独立宣言など、建国の父たちが残した有名無名の文書を読み、次に現代の社会に目を移して、自分たちがつくりあげたものを眺め、こう思うのです。「私たちはどこで間違ったのか」、「どうして道に迷ってしまったのか」、「私たちを『人類の最大の希望』としていたはずの目的意識は、なぜ失われてしまったのか」。いくつもの論文や書籍が、こうした問いに答えようとしてきました。

新聞を開けば、投書欄はローマ帝国の凋落《ちょうらく》と現代のつながりを指摘する声であふれています。バランスをとるためには、暗いコインの裏側について書き、話す人がいなければなりません。これこそガールスカウトの理事会、スタッフ、あるいは団のリーダーたちに与えられた、心躍る義務です。

これからの一〇年は、ガールスカウトに新しい機会をもたらすでしょう。その機会とは、過去六七年にわたってガールスカウトが発信してきたメッセージを発信しつづけ、この社会には名誉、誠実さ、奉仕、機会の平等といった原則にしたがって、すべての少女に援助の手を差しのべる組織が必要だという信念を打ちだしていく機会です。

私たちは、自分の人生を有意義なものにしている価値観を堂々と主張し、それを少女たちと分かち合う勇気を持たなければなりません。ただしドナルド・マイケルが言うように、少女たちが「自分の言葉で自分を定義し、自分の人生に意味を与えられるようにする」ことが不可欠です。たとえ現代の少女が語るガールスカウティングの価値が、サバンナでガールスカウトが誕生したときに最初の団が掲げたものとは違ったとしても、それは真正で本質をついたもの、現代の少女の生活にふさわしいものとなるでしょう。

問題は、私たちに、それと同じくらい真正な態度で少女たちの声に応じる勇気があるかどうかです。私たちには、新しい若者の擁護者となる勇気があるでしょうか。

悲観要素と楽観要素を書きだしていくと、つまり「力場分析」をしていくと、国内の風潮や世論が私たちの背中を力強く押していることがわかります。この国には、うわべだけのシニカルな態度が蔓延していますが、その一方で、もっとシンプルで率直な方法を求め、過去の価値観を再評価しようとする気運も広がっているのです。

レストンは「ひと世代に及ぶ闘争によってたたきのめされた、国の内部にある不和と論争」に言及しています。私たちは、この「闘争によってたたきのめされた」世代の一員であり、この戦いの一部だった世代の少女たちとその家族に奉仕してきました。ガールスカウティングは今、新しい目的意識、すなわち「私たちのプログラムは少女にとって欠くべからざるものである」という意識を持って、属することの意味を明らかにしていかなければなりません。

マディソン街の広告会社が実施した最近の調査は、私たちが「失われた幻想と厳しい経済の一〇年」を生きており、「消費者はだまされにくくなっている」と結論しています。

広告会社の主張が正しいとすれば、だまされにくくなったのは消費者が商品（石鹸であれ、たばこであれ）について質問をするようになったからです。私たちは、こうした消費者の変化をチャンスにできるはずです。なぜなら私たちには、消費者が求めているものがあるのですから――それは、手段を選ばずに短期的な利益をあげる方法ではなく、少女と家族が力を合わせ、ともに成長する方法です。ガールスカウトには、長い年月をかけて検証されてきたものや方法があります。それらは時代とともに形は変わっても、常に人々の人生に光と深みと意味を与えてきました。

「どうすべきかを知っているなら、どんなときもそれがやるべきときだ」と、かのエマソンは記しました。私たちは同じ地域で活動している支部ＣＥＯです。この地域は二つに分かれてはいますが、メイソンディクソン線［訳注：米国の北部と南部を隔てる線］で区切られているわけではありません。私たちは、組織に蔓延している懸念を把握し、理解するための触媒となってきました。支部ＣＥＯたちはガールスカウト運動とその目的、そしてそこで自分が果たす役割を真剣に考えています。だからこそ今回の会議でもまず、属することの意味を考えたいと願ったのです。

私がかかわるようになってから、この組織は何度も時代の流れに逆行してきました。少なくとも、そう見られてきました。しかし今日、私は自分が支部CEOであることに決まりの悪さを感じつつも、これほど刺激的なポジションはないと感じています。時代が変わり、この運動の根幹にある哲学や価値観は、私たちの社会の大きな転機、大いなる探求と一致するようになりました。ガールスカウトには、少女の役に立つもの、少女の家族や全国の地域社会の役に立つものがあります。属することの意味は今、福祉や養育の仕事にたずさわっている人々に大きな希望をもたらしています。

組織の「やり方」に対しては、いろいろと疑問もあるでしょう。方向性に異議を唱えたり、パートナーシップのあり方に疑問を持ったりすることもあるかもしれません。でも私たちは、この運動の核心である価値観は心から大切にしています。

ガールスカウト世界委員会の委員長であるギリシャのドラ・リキアドプロ氏は、私も参加したアテネでの世界大会で、属することの意味について語りました。このスピーチを彼女の言葉で、しめくくりたいと思います。

「私たちは全力を尽くすと約束しました。私たちに託された若い人々に奉仕しつづけることほど、すばらしいことはありません。少女たちには、それなしでは世界も人生も意味を失うような、永遠の生気が宿っています。変化の波にさらされ、物質主義に脅かされながらも、私たちのシンプルな原則にそなわっている崇高な価値はいささかも損なわれていません。この粘り強さ、枯れることのない生命力は、人間も永遠なるものの一端を担っていることの証として、古い建造物について書かれた一七〇〇年前の言葉をほうふつとさせます。

『それらは短期間で造られながらも、永遠のものとなった。その美しさは、構想の段階ですでに古《いにしえ》のものであったが、精気あふるるゆえに今もみずみずしく、ついいましがた完成したばかりのようなたたずまいを見せている。これらの建造物の上には不滅の若さが輝き、あたかも永遠に時がたたないように見える。まるで不老の精霊が、力強く息を吹きこんだかのように』

創設者に心から感謝いたします。

5

国際組織の中心に立つ

一九六〇年代から七〇年代の初頭にかけて、米国民は例外なくトラウマを背負った。いくつかの組織は道を見失い、それ以外の組織も立ちはだかる難題を前に途方にくれた。

ガールスカウトも、社会の混乱や問題と無縁ではいられなかった。メンバーの数は八年連続で減少し、社会の変化がアメリカを大きく変えていくなか、時代遅れの存在になろうとしていた。メンバーの大多数は白人。あらゆる人種や民族の少女に手を差しのべたいという気持ちはあったものの、具体的な方法がわからずにいた。

一方、この国の少女たちは新しい問題や新しい夢を抱くようになっていた。彼女たちの心を占めているのは、花嫁修業よりも進学や就職であり、家庭をどう切り盛りするかよりもセックスや麻薬への誘いにどう対処するかだった。彼女たちは世界のなかでリーダーとなり、主体的に生きることを助けてくれる新しい時代の組織を必要としていた。それなのに、ガールスカウト米国連盟のCEOの座は、一年も前から空席になっていた。

次のCEOを探している人事委員会から、ニューヨークに面接に来ないかと声をかけられたのは、そんなときだった。私は断るつもりでいた。過去六四年間、現場からCEOが選ばれたことは一度もなく、今になってそれが変わるとは思えなかったからだ。しかし夫のジョンはこう言った。「きみにぴったりの仕事じゃないか。ニューヨークまで車で送ってあげるよ。ぼくの仕事は映像製作だから、住む場所はどこだってかまわない。それにニューヨークには一度住んでみたかったんだ」

結局、私は面接を受けた。人事委員会のなかには、米国連盟の理事を務めていたころの知り合いもいた。どの人のことも好きだったが、彼女たちが本気で支部CEOを米国連盟のCEO候補として検討するとは、どうしても思えなかった。だから、新しいCEOになったら何がしたいかと問われたときも、まったく緊張しなかった。

その質問に私は、組織を根底からつくり変えるような、静かな革命について語った。私たちを取り巻いている社会はあらゆる面で変わったのに、ガールスカウトのプログラムは一二年も前から変わっていない。多様な人種や民族が参加しているようにも見えない。組織はよくある階層型で、「ひとつの偉大な運動」とはほど遠く、支部と本部はばらばらの状態だ。私たちの問題は、いかにして「ひとつの偉大な運動」をつくり、あらゆる人種・民族の少女に奉仕するかだ——。

これまでのやり方は、私たちが生きている現在にも、理想の未来にもそぐわなくなっていた。米国の人口構成と少女たちのニーズに合った未来をつくるためには、アクセスの平等を実現し、組織の多様性を高めることが急務だった。

ガールスカウト米国連盟はきわめて複雑な組織だった。メンバーは三〇〇万人を超え(二二〇万人を超える少女と若い女性、そして彼女たちを支える六五万人の成人男女)、支部の数は三三五、クッキーの売上高は毎年約三億ドルに達していた。長い歴史と誇るべき伝統を持つ、アメリカの偉大な組織ではあったが、方向性を大きく変えるべき時期にきていた。

その必要性は全員が理解していたので、私は抜本的な改革を提案した。それは、少女に奉仕するというミッションと、行動の指針である「やくそく」を除くすべてのやり方を見直すこと、時代に合ったプログラムをつくること、そして組織の多様性を高めることだった。ガールスカウトは明るい未来の一部にならなければならない。この困難な時代に、私たちは先頭に立って指揮をとるべきだった。

人事委員会との面接が終わると、ジョンが首尾を聞いてきた。私は、人事委員会のすばらしいメンバーとガールスカウトの「未来予想図」を語り合うのは楽しかったけれど、それだけよと答えた。私はあくまでも、人事委員会は「網をできるだけ広げている」だけだと思っていた。しかし、ほどなくして電話が鳴った。

一九七六年七月四日、私とジョンはニューヨークの三番街八三〇番地に建つ、ガールスカウト本部から六ブロックほど離れたアパートメントで、独立二〇〇年を祝う大きな帆船がイーストリバーをさかのぼっていくのを眺めていた。西ペンシルベニアの山あいにある小さな町を出て、ニューヨークに移り住んだのだ。

少女と女性のための世界最大の組織を率いるために、私はガールスカウト米国連盟のCEOになった。

戦う相手を間違えるな

ニューヨークに来た当時、ガールスカウトは組織改革という重要な仕事すらおろそかになりかねない、難しい問題に直面していた。ボーイスカウト米国連盟が、「ボーイスカウト」の名を伏せて、「スカウティングUSA」というキャンペーンをはじめたのだ。ボーイスカウトは以前から、年長の少年を対象としたエクスプローラー団に一四歳の少女たちを勧誘していた。

一般市民にとって、このキャンペーンは非常にまぎらわしかった。私たちのもとには、ガールスカウトに寄付したつもりなのにボーイスカウト米国連盟から感謝状が来たという電話が次々と寄せられた。

私とガールスカウトの理事長は、ボーイスカウトのCEOと顧問弁護士に直談判することにした。私たちは彼らの弁護士事務所を訪れ、自分たちの言い分を伝えた。しかし、返ってきたのは否定的な反応だった。「市民のみなさんに誤解を与えるようなことは言っていない」。彼らはそう言い張り、こちらの主張を完全に否定した。

そこで、どうしたか？　私たちは自分の戦いに専念することにした。他人のスローガンに文句をつけて、貴重な時間を無駄にしている暇はない。少女と若い女性の未来に、すべての資源を投じることにしたのだ。激動の時代には、少女特有のニーズに応えられる組織が絶対に必要だ。私たちはボーイスカウトの問題は無視し、自分たちの未来と、この時代に成長しなければならない何百万人もの少女たちの未来に集中した。そして、成功した。

「みんなの改革」に着手する

一九七六年にはまだ、企業や組織のCEOの会合で女性を見かけることはほとんどなかった。それでも、私を含め何人かの女性CEOは、独自の哲学、スタイル、リーダーシップを育んでいた。そして本能的に、組織から古い階層を排除した。ガールスカウトを変革するためには、すべての関係者が力を合わせなければならない。私たちは未来の組織にならなければならない。

それははっきりしていた。

大きく複雑な組織を改革するときに、もっとも重要なことのひとつは「インクルージョン」だ。すなわち、いかにして、すべての段階にすべての関係者を関与させるか。すぐれた計画さえ立てれば、それを「担当者」に「与える」だけで主体的に実行してもらえるという考えは捨てるべきだ。

ガールスカウトでは、計画グループと作業グループ双方に、必ず支部のメンバー、ボランティア、スタッフ、理事を参加させた。全員が当事者意識を持って意思決定に参加できるようにするためだ。あらゆる部門から代表者を招き入れれば、扉を開き、全員が歓迎されているというメッセージを送ることもできる。これからはじまる改革が大きな混乱を引き起こすことは必至だったが、私たちの結束が驚くほど固かったのも、これが「みんなの改革」だったからだ。

額に入った言葉や壁に書かれた言葉をそのまま読み上げても、組織のミッションや価値観を伝えることはできない。「ミッション志向の経営、イノベーション志向の経営、多様性志向の経営」を掲げるなら、この言葉が意味するところを行動で示す必要がある。どの行動も、どの取り組みも、私たちのすることはすべて、自分たちの価値観をはっきりと伝えるものでなければならない。メンバーは、私たちが彼らとどうかかわるかを注視している。私たちの一挙手一投足を見つめている。私たちの態度は、私たちが発信しているメッセージと一致していなければならない。

当時のガールスカウト米国連盟にとって最優先の課題は、すべての少女のニーズに応えられる現代的なプログラムをつくることだった。私たちはまず、米国の少女や若い女性に何が起きているのかを分析することからはじめた。現代の少女に影響を与えているトレンドは何か？何が彼女たちの健全な成長に影響を及ぼしているのか？　少女のニーズに合ったプログラムとはどのようなものか？……それは、もしかしたら思いもよらないものかもしれない。だから、決して仮定に基づいて行動したりはしなかった。どれも必ずしっかりと調査をした。

そして一九七六年七月、私は三三五の支部に向かって宣言した——今後一年間で四種類のハンドブックを制作する。また、六歳から一七歳の少女を年齢によって四つの部門に分け、それぞれについて新しいプログラムをつくる、と。笑顔はほとんど見られなかった。そんな短期間で何ができるものかと思われていたからだ。実際、過去には約束がなかなか果たされないことがあった。懐疑派は、たった一年で調査から執筆、テスト、出版まで行うのは到底無理だと考えていた。

しかし、私たちは成し遂げた。約束は守られた。そして、メンバーは奮い立った。

もっとも、私たちが一年以内に新しいプログラムを提供すると約束したのは、メンバーに感銘を与えるためではない。現実問題として、現代的なプログラムに対するニーズが高まっていたからだ。社会は少女の健全な成長を妨げる問題であふれているというのに、ガールスカウトの少女たちはいまだに一二年前のハンドブックとプログラム教材を使っていた。この期間にどれだけの変化が起き、それによって社会がどれだけ変わったことか。私たちは今や、まったく違う世界に住んでいた。プログラムの改革は急務だった。

多様性の問題と機会の創出に関しては、ガールスカウトは以前から積極的に取り組んでいた。私がＣＥＯに就任した一九七六年に理事長を務めていたのは、アフリカ系アメリカ人のグロリア・スコットだ。彼女は私を選んだ人事委員会の委員長でもあった。また、理事のなかには、ネイティブアメリカンの組織を率いている女性が三人いた。私が加わるはるか前から、ガールスカウトは有色人種の有能な女性を理事に迎え、さまざまな人種のスタッフを雇っていた。唱えるだけでなく、実践していたのだ。

しかし、こうした多様性は、メンバーの間では実現されていないように思えた。「米国の人口構成と比べて、メンバーの人種・民族構成はどうなっているの?」とスタッフにたずねると、そのような情報は差別的だとみなされる恐れがあるので集めていないという返事だった。

「その情報を集めないと、むしろ差別をすることになりかねないわ」と私は言った。事実、データを集めてみると、人種的・民族的マイノリティに属するメンバーはわずか五％であることがわかった。明らかに問題だった。

ガールスカウトはなぜ、人種的・民族的マイノリティの少女をもっとひきつけていないのか？　五つの代表的なマイノリティ集団の人々は、ガールスカウトのことをどう思っているのか？　そして支部の人々は、これらの人種・民族の不在をどう感じているのか？　マイノリティをガールスカウトに招き入れるためには、綿密な調査が必要だった。そこで私は、全国都市同盟（ＮＵＬ）の理事長、バーノン・ジョーダンのもとを訪れ、彼のもとで働いている優秀な研究者で、「黒人家族の強み」という論文を書いたロバート・ヒルに調査を依頼できないかと打診してみた。彼の給与はいくらであろうとガールスカウトが負担するとも言い添えた。バーノンは、「ご要望はわかりました。ロバート・ヒルをお貸ししましょう」と言ってくれた。

米国屈指の研究者が調査を担当してくれたおかげで、私たちは安心して報告書を読むことができた。そしてこの報告書によって、マイノリティの人々も、私たちが彼女たちを求めているのと同じくらい私たちを求めていること、しかし参加する方法を知らないことが明らかになった。また、小さな町から大都市まで、全国のガールスカウト支部も、黒人、ヒスパニック、ネイティブアメリカン、アジア系の少女やリーダーを増やしたいと考えていたが、どこから手をつけていいのかわからずにいた。

この結果を踏まえて、次に私たちは独自調査を開始した。そして一流の教育専門家たちと協力して、新しいハンドブックの作成に取りかかった。完成したハンドブックは、実際に団の少女やリーダーに使ってもらった。プログラムの改革が本当に成功したかどうかは、それを使う少女やリーダーの意見で決まる。気に入ってもらえただろうか？　効果はあっただろうか？「われわれは一九一二年から活動しているのです。少女の役に立つものくらい知り尽くしています」などと言ったことは一度もない。経歴も教育水準も異なるリーダーが、少女の学習と成長に役立つと認めてくれるかどうかも重要だった。

ハンドブックのデザインは、四人のイラストレーター（一冊につきひとり）に依頼した。依頼の際には、一人ひとりに直接会って要望を伝えた。「誰であろうと、この国の少女がハンドブックを開いたときに、そこに自分の居場所を見いだせるようにしてほしいのです」。「誰だろうと、ですか？」と、あるイラストレーターがたずねた。私は答えた。「ええ、すべての少女がです。ネイティブアメリカンの特別保留地で暮らすナバホ族の少女も、都市部の貧しい地区で暮らす少女も、自分の居場所を見つけられるようにしてください。ニューイングランドのこぎれいな一軒家ばかりが描かれているような、そんなハンドブックはいりません」。アーティストたちは私の言わんとするところを理解してくれた。もっと言うなら、私は彼らの創造性に火をつけたのだと思う。

約束の一年後、四人の著名な教育専門家と四人のすぐれたイラストレーターの力を借りて、数学、科学、テクノロジーに焦点を合わせた新しいプログラムと、四種類のハンドブックが完成した。少女たちもリーダーたちも、このハンドブックを気に入り、受け入れてくれた。少女たちの間では、「コンピューターファン」の技能バッジが一番人気だった。

組織全体の多様性を高めるための試みも開始した。ヒル博士の調査をベースに、新たにジョン・W・ワーク三世博士をコンサルタントに迎え、全国の支部から本部まで、組織のいたるところで多様性に関するトレーニングを実施したのだ。

主立ったマイノリティ集団にガールスカウトを知ってもらうための資料もつくった。そのひとつが、それぞれの文化に属するリーダーがガールスカウトの制服を着て、団の仲間に囲まれているポスターだった。どのポスターにも、その集団の文化と価値観に合った文章を添えた。たとえばネイティブアメリカン向けのポスターには、「あなたの名前を持つ川があります」と書いた。アフリカ系アメリカ人向けには、彼らが助け合いの精神に誇りを持っていることがわかったので、「アフリカ系アメリカ人には助け合いの歴史があります」とした。また、ヒスパニック系向けには、「ガールスカウティングは、あなたのお嬢さんに価値あるものを提供します」と記した。彼らは他人が自分の娘に直接話しかけることを嫌うと知ったからだ。

これらの美しいポスターは全国に貼りだされた。全国の支部が新しい資料を使って古い壁を乗り越えられるように、興味をそそるビデオなど補助的なツールも用意した。

こうして支部の人々は、トレーニング、励まし、各種の制作物、そして会員の募集計画を手にした。メンバーが町に出ていくたびに、入会する少女の数は増えていった。マイノリティ集団に属するメンバーは三倍以上に増えた。全国の支部が力を合わせることで、奇跡が起きたのだ。

誰もが意欲に燃えていた。いやいや行動している者はいなかった。全員が参加していた。向こう八年間は、ジョン・ワーク三世博士が月に二日、ガールスカウトの仕事をしてくれることになったので、どの支部もグループも、博士の力を借りることができた。ガールスカウトのパンフレットやビデオには、さまざまな人種・民族の人々が登場した。新しいハンドブックは、「若者のための最高の多文化リソース」として多くの賞も受賞した。

私たちは自らに、「少女たちは、この組織に自分の居場所を見いだせるか」という重要な問いを発し、その答えが必ず「イエス！」となることを誓って動き出した。そして、その誓いは守られたのだ。

心を解き放ち、言葉でつなぐ

インクルージョンの次の優先課題は、ガールスカウト米国連盟を未来の組織にすることだった。私たちは人々を古い階層型組織という硬直した箱から連れだし、私がサーキュラーマネジメントと呼ぶ、フラットで流動的で柔軟な同心円へと移行させた。サーキュラーマネジメントは人々のエネルギーと心を解き放ち、七五万人を超える成人メンバーをミッションのもとに結集させた（この改革については次章で詳述する）。

しかし、それだけではまだ足りない。ミッションや価値観、あるいはビジョンや言葉の力は理解されにくい。人々を動かすためには、ある種の「スローガン」が必要だ。私はこれぞという言葉が得られるまで表現を練り、「ミッション志向の経営」という言葉に行き着いた（その後三〇年にわたって、私はこのメッセージを発信しつづけた）。のちに「ミッション志向の経営、イノベーション志向の経営、多様性志向の経営」へと進化したこのスローガンは、組織のすみずみにまで浸透し、リーダーシップの基準と方向性を示すシンプルで強力な手段となった。

そしてもうひとつ。このスローガンは、私たちが何をするかだけでなく、何者であるかも伝えていた。私はその後、長い内観を経て、リーダーシップを自分なりの言葉でこう定義するようになった。

リーダーシップとは、どうやるかではなく、どうあるかの問題だ。あなたも私も、人生のほとんどを、どうやるかを学んだり、それを人に教えたりするために費やしている。しかし、結果を決定づけるのはリーダー自身の質と人格だ。リーダーシップとは、どうやるかではなく、どうあるかの問題なのだ。

これは、当時も今も、私の命題だ。変容の旅には、言葉の力が欠かせない。未来のビジョンをみんなで分かち合い、ともに育てていけば、そのビジョンは全員にとって実体のあるものとなる。それは、閉じた扉の向こうで書き上げられ、押しつけられる「すばらしいアイディア」とは違う。あらゆる段階に人々を参加させれば、士気が高まり、自信と情熱、信頼とサポートが生まれる。まるで魔法のように。

あなたも今すぐ、インクルージョンの力を活用すべきだ。そうしなければ、いつまでたっても組織にふさわしい結果は出せないだろう。

米国連盟CEOの座を辞してからずいぶんたつが、私にとってガールスカウトは今も「世界最高の人々、世界最高の組織」だ。ビジョン、ミッション、イノベーション、インクルージョンと多様性、すべての人への敬意、そして「やくそく」にしたがって生きること——これこそ、私たちを前へ前へと突き動かしてきた原動力だった。

ミッションは額や壁に掲げるものではない。人々の心のなかで育てるものだ。誰もが日々の仕事を通じて、ミッションを表現できるようにしなければならない。それが、ひいては未来の組織をつくることになるのだから。

6

金科玉条に挑む

金科玉条に挑むのは勇気がいる。一九一二年、ジュリエット・ゴードン・ローは、友人に電話をかけてこう言った。「サバンナの、いいえ、アメリカ中、世界中の女の子たちのためになるものを思いついたわ。今晩からはじめるのよ！」。その晩、彼女はジョージア州サバンナで、この町に暮らす一八人の少女たちを集め、米国初のガールスカウト集会を開いた。勇敢で、先見の明があり、革命的ですらあったこの女性は、すべての少女は肉体的、知的、精神的に成長する機会を与えられるべきだと信じていた。

自分自身は参政権すら持っていなかったというのに、彼女は初代のガールスカウトたちに向かってこう言った。「覚えておいて。あなたたちは何にだってなれるのよ。医師にだって、弁護士にだって、飛行士にだって、熱気球乗りにだって」。ガールスカウト米国連盟が今あるのは、一九一二年にひとりの女性が社会の金科玉条に挑んだおかげだ。その後、この組織は約一〇〇年の時を刻み、何百万人もの少女たちが、それぞれの時代の課題に取り組みながら奉仕し、学び、成長してきた。

私が一九七六年にニューヨークにやって来たとき、ガールスカウトは押し寄せる変化に翻弄されながら、追い立てられるように未来へと向かっていた。もはや、時代から取り残されて意味を失った方針、手順、前提をなつかしんでいる暇はなかった。激動の時代には、確立された「実績ある」戦略はおろか、「いつものやり方」すら通用しない。必要なのは、現状維持という金科玉条に挑み、これからの時代にふさわしい戦略、プロジェクト、方針だけを、すなわち、私たちの支援を待っている人々にふさわしいものだけを残すことだった。

言い換えれば、このとき私たちは、勇気をもってドラッカーの言う「計画的廃棄」を実行する必要があった。計画的廃棄とは、過去には通用したが未来にはそぐわなくなったものを捨て去り、組織の核であるミッション、価値観、ビジョンがぶれないようにすることをいう。ガールスカウトを立て直すためには、それができるリーダーも育てなければならなかった。

一九七〇年代末期から八〇年代初頭にかけては、あらゆる組織のあらゆるレベルで、有能で倫理的なリーダーが求められていた。必要なのは、ひとりのリーダーでもカリスマ的なリーダーでもなく、大勢のリーダーを育て、組織全体にリーダーシップの責任を分散させることだった。そしてそれは、古い階層型組織の金科玉条に挑むことを意味した。

サーキュラーマネジメントの効用

私のリーダーシップとマネジメントのスタイルは、昔から包括的で円環的だと言われてきた。私にとって、人生は循環する円だ。今でこそ分散型リーダーシップの考え方は広く知られているが、当時の主流だった階層型組織でこれを実践しているところはなかった。

大半の組織では、指揮統制、出世競争、トップとボトム、アップとダウンといった言葉が使われてきた。これらの組織が体現していたのは、頂点に君臨するリーダーが従業員を見下ろし、従業員はリーダーを見上げるという、よく知られたピラミッドだった。

しかし、こうした階層構造は人間や職務を、狭く硬直した箱に押し込めた。確かにしばらくの間はうまく機能していたが、未曽有の変化が世界を襲い、国際競争が激化し、国境があいまいになるにつれて、現実に対応できなくなった。官、民、非営利を問わず、あらゆる組織で基本構造に対する不信感が高まり、どの組織も変化に対応しようと悪戦苦闘をはじめた。そんななかから、今までとは違う哲学が立ちあらわれ、それに伴ってリーダーシップの新しい言葉、新しいアプローチ、新しい多様性が登場したのだ。

前述したように、ガールスカウト米国連盟は、メンバーをくたびれた古い箱、過去の遺物である階層型組織から連れだし、これからの時代にふさわしい、円形の柔軟で流動的なマネジメント構造へと移行させた。それに伴って、時代にそぐわない階層的な言葉の使用も禁じた。たとえば、「アップ－ダウン」、「トップ－ボトム」、「上司－部下」などだ。あなたは「部下」になりたいと熱望している若者に、ひとりでも会ったことがあるだろうか？

私たちは組織のあらゆるレベルでリーダーを育てていくうちに、サーキュラーマネジメントには人々のエネルギーを、そして人間の精神を解き放つ力があることを発見した。

サーキュラーマネジメントによって古い障壁が崩され、階層が禁じられると、多様な視点が生まれるようになった。ほかにもさまざまな効果があったが、一例として、トロイのエピソードを紹介しよう。

私は、本部で新しいスタッフのための説明会が開かれるときは、必ず自分も参加して、新人たちと交流するようにしていた。説明会では、ガールスカウトのミッション、価値観、スタッフの仕事の重要性などを伝え、全員で話し合う。

あるとき、その説明会に八人前後の新人が参加した。私が全員に名前と仕事内容をたずねると、新人たちはひとりずつ、自分は何者で、どんな仕事をしているのかを語った。「メアリー・スミスです。新しいコンピュータ・スペシャリストです」。「チャールズ・ジョーンズです。国内活動のマーケティングを担当しています」……。そして最後のひとりの番になった。

サーキュラーマネジメント

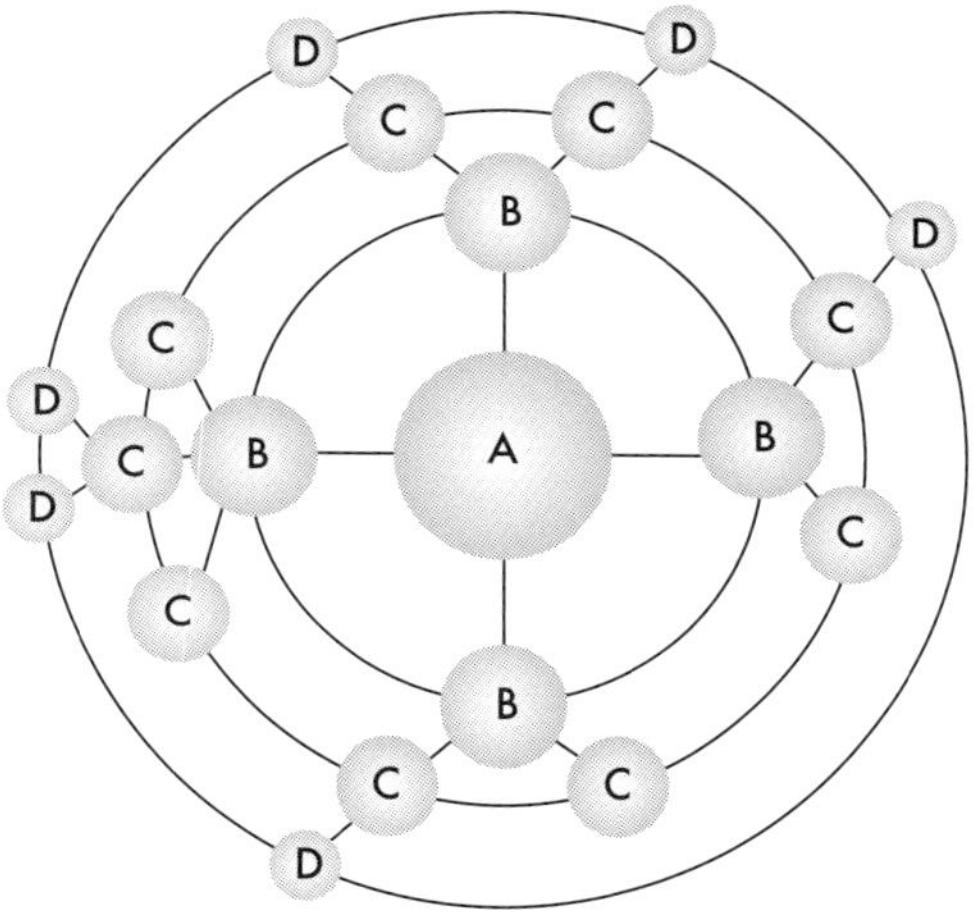

A：理事長／CEO　B：副事長理長　C：グループ長　D：チーム長

彼は言った。「ぼくはトロイ。郵便室で働いています。自分は組織の心臓だと思っています。この組織に来るものはすべて、ぼくを通り、この組織から出ていくものもすべて、ぼくを通っていく。だからぼくは、この組織の心臓なんです」。トロイの「心臓」説は、すべての人、すべての仕事の大切さに新しい洞察を与えてくれた。今も忘れられない瞬間だ。

インクルージョンの力は絶大だ。組織が扉を開き、リーダーシップを分散させ、あらゆる部門の人々を巻きこむと、新しいエネルギー、新しい相乗作用が生まれる。一方、古い閉鎖的な組織が伝えているのは分離のメッセージだ。このような組織は、ものごとを包括的に捉えることもできなければ、「丸い世界におけるマネジメント」を実践し、新しいレベルの関係、探求、パフォーマンス、結果を達成することもできない。

大きく複雑な組織でも改革はできる

大きく複雑な組織を改革するにあたって、私たちがまず着手したのは、組織の構造、職位規定、各事務局が提供しているサポートの中身の検討だった。この検討にあたっては、作業グループを立ち上げ、影響を受ける人と最終責任を負う人の両方に参加してもらった。そして二年をかけて、組織を根底からつくりかえていった。すでにインクルージョンを実践していたおかげで、また全員が変化の必要性を認識していたおかげで、組織改革は熱狂的に受け入れられた。この改革が説得力のある未来のビジョンを描いていて、そのビジョンが全員のものになっていたということだ。

現場の体制も見直した。当時は地域別に六つの事務局があり、各事務局はそれぞれの管轄地域にある支部を支援していた。しかし、私たちはこれらの事務局を廃し、代わりに地理ではなく人口構成を基準に三つの地域センターを設置した。人口構成を基準にしたのは、たとえば都市部の大きな支部が必要としているものと、郊外に広がる農村地域で活動している支部が必要としているものは違うからだ。三つのセンターは、都市部の大きな支部のためのセンター（シカゴ）、都市部の小さな支部のためのセンター（ニューヨーク）、そして小規模な支部または農村部の支部のためのセンター（ダラス）とした。

さらに二年後には、三つの地域センターのスタッフを全員、ニューヨークへ異動させた。支援機能はニューヨークに集約させたほうが、より効果的にサービスを提供できることがわかったからだが、言うまでもなく、スタッフにとってこの変更は生活の激変を意味する。動揺が走った。

これに対して私たちは、ニューヨークでも現在の職位と給与水準は保たれることを各センターのスタッフに保証した。これでスタッフの混乱は収まり、新体制への移行は円滑に進んだ。もちろん、なかにはニューヨークに引っ越したくないというスタッフもいたが、そのような人々はガールスカウトでの仕事経験を活かして、よりよい仕事、より給与の高い別の仕事を見つけることができた。これは組織改革にまつわるできごとのなかでも、とくにうれしかったことのひとつだ。変化は大きかったが、人々はそれを受け入れ、最終的には歓迎さえしてくれた。

後日、ガールスカウト米国連盟の理事長が私に言った。「最初から全員をニューヨークへ連れてきてもよかったのじゃない？　六つの事務局を三つに絞って、そこからニューヨークに集めたから二年もかかったのよ。段階的にではなく、一度に全員をニューヨークに移してもよかったのに」。そのとき、私はこう言ったのを覚えている。「そうかもしれない。でも確実な方法を選んだの」

この移行は、多くのスタッフの善意によって成し遂げられたが、それもこれも組織がいかに自分たちを尊重しているかをスタッフが理解していたからにほかならない。ここでもインクルージョンが威力を発揮していたのだ。

この組織改革を通じて、私たちは本物の一体感を経験することができた。過去には断絶もあった。「私たちは支部の人間。あの人たちは本部の人間」と言う人もいた。「本部」という言葉を、まるでそれが嫌らしいものでもあるかのように、とげのある口調で言う人さえいた。しかし、私はどんなときも、ガールスカウトを「少女のための、ひとつの偉大な運動」と呼びつづけた。すると、いつしかこの言葉は、こだまのように私のもとへ帰ってくるようになった。

ガールスカウトを辞めることになったとき、私はある支部CEOから感動的な手紙を受け取った。その手紙には、こんなふうに書かれていた。「私の部屋の壁には、『私たちは、少女のための、ひとつの偉大な運動です』と書かれた額が飾られています。そのことをあなたにお伝えしたくて」

近頃、全国に支部を持つような大組織の会合で話をしていると、組織をひとつの運動ととらえようとする気運がふたたび高まっているのを感じる。彼らにとって組織とは、地域の人々にサービスを提供する支部と、リソースを提供し、組織としての意見を述べ、政治的提言を行う本部以上のものだ。

私は、ガールスカウト米国連盟のCEO、ボランティア・オブ・アメリカの会長、リーダー・トゥ・リーダー・インスティテュートのCEOなどを務めた経験を通じて、全国的あるいは国際的に活動している偉大な運動には、階層や伝統や「こちら-あちら」といった思考で分断されている組織をはるかに超える力があることを学んだ。すぐれた運動は新しいエネルギーを解き放ち、信頼と団結と結果を生みだす。それは、古いタイプの組織では決して実現しえないものだ。

ミッションという柱と、サーキュラーマネジメントというエンジンによって動かされる「ひとつの偉大な運動」は、階層型の組織を過去のものとし、人々の人生を変えながら、未来に向かって力強いメッセージを送るのだ。

貫けば、かなう

約二年をかけ、一丸となって組織改革のあらゆる側面を検討していった私たちは、一九七八年五月下旬、ついに全支部のCEOと一〇〇人の本部スタッフに新しい運営計画を披露する準備を整えた。この計画には、米国連盟のシステム、構造、サービス、そしてガールスカウトが米国社会で果たすべき先導的役割についての強力で情熱的なビジョンが描かれていた。ただし、ガールスカウトの魂である「やくそく」と「おきて」は一切変更されなかった。この二つは、一九七八年においても一九一二年と変わらない力を保っていたからだ。

新しい運営計画を検討し、受け入れ、自分のものとしてもらうために、私たちは支部と本部の中心メンバーを集めることにした。彼女たちこそ、スタッフのリーダーとして、この大規模な変革を率い、組織の未来のために新しい経営計画を実行していく存在だった。私はマネジメントチームとともに、この重要なプレゼンテーションをリードするつもりで張り切っていた。

しかし、一九七八年五月の最後の月曜日、全国から五〇〇人の幹部がニュージャージーの会場に集まったとき、そこに私の姿はなかった。私はマンハッタンの病院で、夫のジョンのベッドに寄り添っていた。重い悪性脳腫瘍のために、ジョンは最期のときを迎えていた。何週間も前から昏睡状態がつづき、このときはすでに脳死の状態にあった。

当日の朝六時、私は集中治療室の外にある小さなキッチンで、会場に集っているはずのすばらしいスタッフのために、短いメッセージを録音した。まずは参加者に感謝の言葉を、つづいて全員が力を合わせれば、少女たちにとっても、ひとつの偉大な運動にとっても、最良の決断を下せるはずだと語った。それから、ジョンが死の床にあることを伝え、彼のために祈ってほしいとお願いした。

コーポレート・マネジメント・チームのルース・ボイドが病院に到着した。私はメッセージの入ったテープを彼女に託し、会議がはじまったら流してほしいと頼んだ。すると彼女は、マネジメントチームが結束して作成した進行表を私に渡し、こう言った。「これからの三日間、あなたの担当部分をどう処理したらよいか、指示をちょうだい」。私は即座に答えた。「あなたとチームにならきっとわかるはずよ。あなたが判断して」

こうして、会場で私のメッセージが流され、会議はマネジメントチームのリードで成功裏に終わった。

私は、ひとりの善人の死、ガールスカウトという家族の重要な一員だったジョンの死が、この三日間の討議に冷静さを加えたのだと思った。後日、おそらくは改革計画にもの申すつもりで会場にきていた人々から、彼の死が彼女たちの視野を広げ、死と別れという悲劇が参加者のきずなを強めたように思うと言われた。死に際してすら、ジョンは人々に調和をもたらし、ひとつにしてみせたのだった。

♈

会議の最終日である水曜日、私は参加者にジョンの死を告げた。金曜日には、マネジメントチームの面々が、理事長のグロリア・スコットとともに、お別れを言いにジョンズタウンまで来てくれた。

今思うと不思議だが、ペンシルベニアを離れることに消極的だった私と対照的に、ジョンはニューヨークに引っ越すことが、私にとっても夫婦にとっても最高の選択だと確信していた。ジョンはもういないが、ニューヨークで彼とすごした二年間は、私たちの結婚生活のなかでももっとも幸福な時期のひとつだった。ガールスカウトとドラッカー財団に対する私の貢献は、それがどんなものだったにせよ、彼の遺産の一部である。

今でもよく、ジョンズタウンで暮らしていた若いころを思い出す。私たち家族を、そして私たちのビジネスを支えていたのは、多様性、アクセスの平等、インクルージョン、すべての人への敬意だった。ジョンの勇気と、彼が身をもって示してくれた実例が、これらにしたがってリーダーシップの旅をつづける自信を私にくれたのだ。

その価値観は、この瞬間も、私とともにある。

7

変化をチャンスにできる組織

ピーター・ドラッカーの重要な論文「ネクスト・ソサエティ——近未来の研究」がエコノミスト誌に掲載されたのは、彼が九三歳の誕生日を迎えるころだった。その二〇枚の稀有《けう》な論文の随所に、ピーターの英知がちりばめられていた。私はこれを常に机の上に置いている。彼はこう書いている。

生き残り、成功したいなら、組織はチェンジエージェント（変革機関）にならなければならない。変化を管理するためのもっとも効果的な方法は、自ら変化を生みだすことだが、過去の経験から言って、従来型の企業にただイノベーションを移植しようとしてもうまくいかない。企業はチェンジエージェントにならなければならないのだ。そのためには成功を、とくに予想外の成功や計画外の成功を追求しなければならないが、それができるためには体系的なイノベーションが不可欠だ。チェンジエージェントになることの要点は、組織全体の意識を変えることにある。組織の構成員が、変化を脅威ではなく、チャンスととらえるようにするのだ。

一九七六年にはまだ、この文章は存在しなかった。しかし私は、ピーターのすべての著作をむさぼるように読んでいたおかげで、ガールスカウト米国連盟はチェンジエージェントになる必要があること、そのためには組織の意識を変えなければならないことに気づいていた。

常に最高のものをめざす

私にとって、学ぶことは情熱だ。初めて学校に行った日のことは今も覚えている。その日、担任のアリス・ジョーンズ先生が、全員に教科書を配ってくれた。私はすっかり興奮していた。先生が言った。「さあ教科書を開いて。みんなで一緒に読んでいきましょう。一ページずつですよ」。しかし、新しい教科書に夢中になっていた私は、先生の指示も忘れてどんどんページをくっていった。私は学校に上がる前から字が読めた。

ふと顔を上げると、目の前に先生が立っていた。「みんなで一ページずつ読みましょうと言われたのを忘れたの？」」。ジョーンズ先生はそう言うと、私から教科書を取り上げた。翌日には返してくれたが、その二四時間のなんと長かったことか。私は先生にしたがわず、その報いとして教科書を失った。この経験から私が学んだ教訓はこうだ。「日々何かを学ぶべし。ただし、先生の言うことは聞くように」

学習する必要があるのは、人間だけではない。組織も同じだ。学ぶのが遅い組織は、適応するのも、変化するのも遅い。5章でも述べたように、私がガールスカウト米国連盟のCEOになったとき、この組織の最優先課題は、少女たちのニーズに応えられる現代的なプログラムをつくることだった。そしてそのためには、私たち自身が学習と変化を通して前進し、未来の組織になる必要があった。しかし、私たちにはもうひとつの優先課題があった。それは、ガールスカウトそのものを学習する組織にすることだった。

ガールスカウティングは単なるプログラムではない。それは人生を形づくるものであり、悪意にあふれた世界の中で、少女や若い女性が健全に成長できるようにするものだ。ただし、そうあるためには、少女たちの周囲で何が起きているのかを知り、新しい動向をとらえ、時代に合った組織でありつづけねばならなかった。

これは今も変わらない。新しい力の台頭に気づいたときは、必要なプログラムを素早く準備する。そうすれば、その力がいざ本格化したときに、何の手も打たずにいた場合より、はるかに余裕をもって対応できる。継続的に観察し、変化の予兆を研究することで、理事会とスタッフは、ガールスカウトにかかわるすべての人が、未来に反応するのではなく、その一部となれるように、建設的に行動するようになる。予算を組むときは、スタッフや従業員の学習、教育、能力開発を第一に考えるべきだ。実際、私たちはスタッフのトレーニングと能力開発に多額の投資をしてきたが、得られた成果を考えれば、その費用は取るに足らないものだった。

私たちは常に、「少女に奉仕する者には、最高のものしかふさわしくない」というスローガンを掲げてきたが、その一環として、エディス・メイシー・カンファレンスセンターの現代化を進めたいと考えていた。一九二三年にできたこの建物は、「最高」とはほど遠かった。「私たちは集い、私たちは学ぶ」をモットーに、全国から優秀な女性が集まってトレーニングを受けていたが、時代とともに、高床式のテントに寝泊まりすることを嫌がる人が増え、利用者も減っていた。

そこで私は、理事会とスタッフの熱い後押しのもと、メットライフの新社長であるジョン・クリードンを口説き、資金調達キャンペーンの委員長になってもらった。すでに述べたように、キャンペーンの結果、新しいセンターを建設するための一〇〇〇万ドルが集まった。建設予定地はニューヨークシティからわずか四五分、ウェストチェスター郡の森のなかにある約五〇万坪の土地だった。

そして一九八〇年代初頭、ガールスカウトのリーダーたちにふさわしいセンターが見事に完成した。新しいセンターは、ガールスカウトの未来の象徴であると同時に、「集まって学ぶ」という伝統もしっかり受け継いだ。二〇〇人分の宿泊設備があり、研修や会議のために訪れた人々は快適に過ごせた。

オープン初日には、全国から集った団リーダーのためにセッションが開かれた。私も会場で彼女たちを出迎えた。立派な講堂を見ながら、ひとりのリーダーが私に言った。「きっとすてきなところだろうと思っていたけれど、想像以上だったわ」。この言葉は、彼女が自分のことを、もっと言えばガールスカウトそのものを「等身大」で見ていない、言葉を変えれば見くびっていることを示していた。

一週間後、私は帰路につこうとしている彼女をふたたび見かけた。この一週間で、自信と新しい活力を手に入れたことが一目でわかった。彼女は私のところへ来ると、自分の計画を語り、地元に戻ったらここで学んだことをみんなに伝えるつもりだと言った。

ピーター・ドラッカー、ウォレン・ベニス、ジョン・W・ガードナーといった一流のリーダーたちも、私たちの活動に協力してくれた。彼らと新しいセンターが、ガールスカウト米国連盟の学習、発展、成長に果たした役割ははかりしれない。これらの偉大なソートリーダーたちはみな、ガールスカウトの変容と挑戦を高く評価し、進んで講演してくれ、スタッフのトレーニングを引き受けてくれた。しかもガールスカウトの未来への寄付だといって、報酬は受け取らなかった。

毎年九月には、このセンターに支部CEOを集め、「アドベンチャー・イン・エクセレンス」会議を開いた。この会議にはピーター・ドラッカーをはじめ、さまざまな分野のソートリーダーを招いた。彼らとのセッションは、ガールスカウト米国連盟が成長と学習をつづけるうえで、とても重要な役割を果たした。最初は「自分を等身大で見る」(これはピーターに教わった言葉だ)ことができなかった人々も、やがてはできるようになった。

この会議の参加者には、事前に数冊の本が入ったバッグを配った。そして当日、彼女たちが会場に到着すると、そこには本の著者が待っていた。このやり方は参加者に、「自分は人々の人生を変える組織で重要な仕事をしている。有給か無給かを問わず、プロフェッショナルの仕事をしているプロフェッショナルなのだ」という自覚を与えた。事実、それこそが彼女たちの等身大の姿だった。

こうして、私の片腕であり、大切なチームメイトでもある支部CEOの意識と心情は、目覚ましく変化していった。しかし、自分を等身大で見ていない人はまだいた。彼女たちの意識を変えるにはどうすればいいのか。自分の本来の姿すらわかっていない人に、ガールスカウトやその未来を正しく思い描けるはずがなかった。

そこで私たちは、ハーバード・ビジネス・スクールのレジナ・ヘルツリンガー博士のもとを訪れ、ハーバードの教授陣にガールスカウト幹部のための組織経営セミナーを開発してもらえないかと打診した。組織改革に着手して二年半がすぎたころだ。ヘルツリンガー博士は私たちの依頼に応じ、ジム・ヘスケット博士、ジェームズ・オースチン博士らと協力して、すべての支部CEOと本部スタッフのための強力な幹部育成セミナーを開発してくれた。

この「ガールスカウト幹部のためのハーバード組織経営セミナー」には、毎回五〇人ずつ、最終的にはすべてのスタッフが参加した。そして全員がオフィスに掲示できるハーバードの修了証書と、新しい精神、新しい認識、高いモチベーションを手に入れた。それは、彼女たちの等身大の姿だった。

緻密に設計されたリーダーシップ開発の場を用意し、一流の研究者と接する機会を与えれば、誰でも期待値が上がり、革命に火がつく。ガールスカウトのリーダーたちはさらに多くを求めるようになり、「次は何?」と問いはじめた。

私たちが次に用意したのは、ヘルツリンガー博士による「資産管理セミナー」だった。支部CEOはクッキー販売の責任者でもあり、毎回クッキーの販売で得る数億ドルは、何百ものカンファレンスセンター、キャンプ、本部ビルの費用として、また重要な補助予算として使われていたからだ。このセミナーが、ガールスカウトの財務管理を効率化するうえで果たした役割は想像以上だった。

ハーバード・ビジネス・スクールの教授陣が与えてくれたものは、ガールスカウト米国連盟の成功に大きく寄与した。その後五年間にわたって、ガールスカウトの会員は急増した。米国連盟が、この劇的な変容を成し遂げるうえで欠かせなかったのは、中核人材のリーダーシップ開発に対する思い切った投資であり、世界的なビジネススクールの教授陣によるバックアップだった。あるインタビューで、「なぜハーバード・ビジネス・スクールの教授陣を選んだのですか」とたずねられたとき、私はこう答えた。「理由はいたって単純です。少女に奉仕する者には、最高のものしかふさわしくないからです」

評価&能力開発ツールを導入する

学ぶといえば、フィードバックを得ることもそのひとつだ。しかし、自分がリーダーとしてどれだけ成長したかを測るのは難しい。自分ではすばらしいリーダーだと思っていても、周囲の意見はまったく違うこともある。

マーシャル・ゴールドスミスという若者が、ニューヨークの私のオフィスへやって来たのは一九八二年のことだった。彼は、すべてのスタッフの能力向上に役立つ画期的なアイディア、プロセス、評価ツールなるものを携えていた。三六〇度フィードバックと呼ばれるそのツールは、同僚やその他の関係者が、カテゴリごとに互いの仕事ぶりを評価するという。今でこそよく知られている手法だが、一九八二年の時点でこれを実践したり、話題にしたりしている人はいなかった。まさに、ひとりの見知らぬ男性が持ってきたすばらしい贈り物だった。彼は、このツールを使って本部スタッフの人事評価をさせてほしいと言った。仕事仲間から匿名で意見を集め、それをもとにスタッフを評価するというのだ。

マーシャルとこの新しい考え方に大いに感銘を受けた私は、彼の申し出をありがたく受けることにした。そして、さっそく準備に取りかかった。まずはマネジメントチームの六人を評価することになったが、評価の過程を客観的に眺められるように、その前にマーシャルが私を評価した。最終的には全員が評価を受けるとしても、まずは全国連盟のCEOである私が、この包括的な能力開発ツールの実験台になったのだ。

そのテストを終えると、いよいよマーシャルの三六〇度フィードバック（彼はのちにこれを「ガールスカウト・リーダー・オブ・ザ・フューチャー」と名づけた）を組織全体に広げた。評価の進行役（ファシリテーター）を養成するためのトレーニングも実施した。結果的にこのツールは、スタッフの成長と能力開発に絶大かつ継続的な影響を与えた。そして、マーシャルとは生涯のパートナーとなった。

一九九〇年、彼は非営利組織経営のためのピーター・F・ドラッカー財団の初代理事に就任した。彼は財団のために書いたり話したりするだけでなく、「フューチャー」シリーズのうちの何冊かの共同編集者も務めてくれた。私は今も毎週のように彼と話し、毎年一月には彼が主宰する「リーダーシップネットワーク」のメンバーである二五人の偉大なリーダーたちと交流している。彼に電話をかけて、「マーシャル、ポーランド（あるいはほかのどこでも）に行ける？」と問えば、答えはいつでも「出発はいつにする？」だ。

メンバーの気持ちを汲む手だて

変化を受け入れることは、ときにとても難しい。その変化が、自分が大切にしているものに関係していればなおさらだ。ガールスカウトのピンとロゴを刷新するという決定も、そんな難しい変化のひとつだった。

ガールスカウトは、一九一二年につくられたピンを見なおすべきときを迎えていた。ワシと矢があしらわれた三つ葉の形のピンは、長らくメンバーに愛され、大切にされてきたが、一九八〇年代初頭のガールスカウトと少女たちを象徴しているようには見えなかった。それに、ボーイスカウトのピンも私たちのものとよく似ていて、やはり三つ葉の形をしていた。しかもボーイスカウトは、前述したように「スカウティングＵＳＡ」というまぎらわしいキャンペーンを展開していて、この宣伝を見た人の多くは、このキャンペーンは少女も対象にしていると勘

従来のガールスカウト・ピン

新しいガールスカウト・ピン

違いした。従来のピンは、もはや未来のガールスカウトを象徴してはいなかった。総合的に見て、私たちは変化のときが来たという結論を下した。

　私たちはまず、世界最高のグラフィックデザイナーと言われていたソウル・バスのもとを訪れた。彼は当時、ユナイテッド航空、ＡＴ＆Ｔ、ミノルタ、エッソ、ＢＰ、コンチネンタル航空など、錚々《そうそう》たる企業のコーポレートイメージやロゴを担当していた。ハリウッド映画のタイトルデザイナーとしても有名で、「七年目の浮気」、「めまい」、「北北西に進路を取れ」、「サイコ」、「シンドラーのリスト」などのタイトルデザインは彼によるものだ。

　幸いなことに、ソウルは喜んで私たちの依頼に応じてくれた。そして美しい金色の三つ葉に、緑色の背景に三人の少女の横顔が並んでいる図案を考えてくれた。三つの横顔は、ぱっと見ただけで少女、しかも人種の異なる少女とわかる。どの顔も未来を見つめていた。

新しいデザインの発表は次の全国大会で、と決まった。この大会は三年に一度開かれ、すべての支部と本部から数千人のリーダーが集う。その当日、ソウルが自ら新しいロゴを紹介してくれた。そして、歴史のなかでシンボル（象徴）が果たしてきた役割について、すばらしいプレゼンテーションをくり広げてくれた。彼は、紋章や旗を例に、シンボルがいかに大きな力を持ちうるかを説き、新しいピンを見せると、「女性、多様性、未来」というキーワードを挙げて、その意味を力強く語った。それはまさに、私たちの未来のシンボルだった。

会場には、新しいデザインに反対票を投じようと決意しているメンバーが大勢いた。彼女たちは一九一二年につくられたピンを熱愛していた。そこで、ソウルのプレゼンテーションが終わると、私は穏やかにこう言った。「今後、これが私たちのマーク、ガールスカウト・ピン、あらゆる制作物に使われるロゴとなります。でも、みなさんに約束しましょう。三五〇万人のメンバーのうち、ひとりでも従来の（私は「古い」ではなく、「従来の」と言った）ピンを身につけたいと希望する人がいるかぎり、ピンの製造はつづけます。そのことは私が保証します」。このひとことで、衝突は回避された。

ふたを開けてみると、大半の支部が新しいピンを採用した。大多数のメンバーは、新しいシンボルがその未来の一部であることに同意した。私たちは、ガールスカウトが未来に向かって力強く、着実に、加速度的に歩みを進めているという手ごたえを感じた。

しかし、変わりたくないという人々の感情も尊重した。あるとき私は、従来のピンをつけている女性に話しかけた。すると彼女は、胸元のピンに手を置くと、感極まった様子でこう言った。「祖母もこのピンをつけていたんです！」。私はこう答えた。「おばあさまには心から感謝しなくてはね。そしてあなたにも」

ピンを変えよと強制したことはない。「それは過去の遺物だ」などと言ったこともない。私たちは敬意と感謝の気持ちを持って、新しいシンボルとともに未来へ乗り出したのだ。

タイミングを見定める

「そりをいつ出発させるか」。これはすべてのリーダーにつきつけられている難しい問いだ。乗員が少なすぎても、出発のタイミングが早すぎても、そりは走らない。かといって長く待ちすぎれば別の誰かがニーズを満たし、私たちをお払い箱にするだろう。そりを出発させるタイミング——すなわち、未来に向かって新しい取り組みやプログラムをスタートさせるタイミングを見極めるには、勇気ある経営判断が必要になる。

新しい取り組みはえてして、反対にあうものだ。リーダーは彼らの意見や立場も尊重しなければならない。しかし、行動を思いとどまる必要はない。いずれは多くの人が考えを変え、あなたに賛同するかもしれないのだから。とはいえ、あなたが懲罰的な行動をとり、反対意見をつぶそうとするなら話は別だ。彼らは二度と戻ってこない。リーダーは変化に適応する時間をメンバーに与え、彼らの意見も尊重しなければならない。これは変化を管理し、関係者の協力を得るための重要な原則だ。

私自身は、「デイジースカウト」プログラムを導入したときに、そりを出発させるタイミングを知ることの大切さを身をもって学んだ。

当時、ガールスカウト米国連盟は波に乗っていた。会員は増え、全国の支部では多様性が高まり、現代の少女にふさわしいプログラムも完成した。米国連盟は真の意味で、ひとつの偉大な運動となっていた。一部の支部（三三五のうちの七〇）から、五歳児のためのプログラムをつくってほしいという要望が寄せられたのは、そんな時期だった。これらの支部は、家族も、団リーダーも、教育専門家も、地域社会のリーダーも、つまり子どものことを気にかけている人々はみな、五歳児でもガールスカウトの活動に参加できると言っていると主張した。また、上の子をガールスカウトに入れている親たちは、妹にも同じ経験が必要だと感じていた。

私たちは、同じような要望がほかの支部からもあがってくるのをただ待つのではなく、その要望を検討し、回答すると約束した。そして、この分野で高い評価を得ている児童発達の研究者や教育専門家のところへ行き、五歳児でもガールスカウトが提供しているようなグループ活動に参加できるだろうかとたずねた。彼らは独自に調査を行い、全員が「イエス」と答えた。

この年齢の女児は、グループ活動に参加する準備ができているだけでなく、それを必要としており、そうした活動から恩恵も受けられるという。否定的な意見はひとつもなかった。めでたくこのプログラムの価値を確信した私たちは、第一線で活躍している教育専門家と組んで、五歳の女児のための教育的・心理学的に健全なプログラム「デイジースカウト」の開発に取りかかった。そして試験的にデイジースカウト団を各地につくり、デイジーたちが活動する様子をビデオにおさめた。

次の全国大会で反対意見が出ることはほぼ確実だった。すでに、「不健全だ」「私たちはベビーシッターじゃない」「五歳児がガールスカウトの『やくそく』を理解できるのか」といった声が聞こえていたからだ。そこで私たちは、支部のリーダーたちにデイジースカウトの創設を提案する際には、デイジーたちが団の集会に楽しそうに参加している様子を映したビデオも同時に見せることにした。

このビデオには、金色の前髪をたらし、デイジーの制服である小さなエプロンをつけた少女が、「ガールスカウトの『やくそく』ってなにかな?」と質問される様子をおさめていた。彼女はきっとした表情でカメラを見すえると答えた。「友だちをぶたないってこと」(ピーター・ドラッカーはこのビデオを見て、「誰もがこのことを理解できたら、世界は平和への第一歩を踏み出すだろう」と言った)。

参加者全員が、プレゼンテーションに耳を傾けていた。最後に私はこう言った。「三三五の支部のうち、七〇の支部がこのプログラムを必要としています。これらの地域の家族や少女たちから、このプログラムが必要だという声があがっているのです。私たちは、その声に応えたい。このプログラムへの参加を希望する支部は、七月に開かれるデイジースカウトのトレーニングにトレーナーを送ってください。九月には、このプログラムを求め、必要としている七〇の支部のために、デイジースカウトを発足させる予定です。あとから参加することもできます。参加の義務は一切ありません。デイジースカウトをはじめたいという支部にだけ、この新しい年齢レベルを追加します」。ここでも、反対意見を尊重することで感情的な議論は回避された。七〇の支部が参加した時点で、私たちはそりの出発を宣言したのだ。

七月のトレーニングには、二二五の支部が参加した。デイジースカウトは大成功をおさめ、二年後にはもっとも強硬に抵抗していた人々でさえ、このプログラムを考えたのは自分だとでも言わんばかりにふるまうようになっていた。

デイジースカウトの誕生は、当時は革命的だと騒がれたが、実際は必然だったと思う。この新しいプログラムは、ガールスカウトの歴史のなかでも、もっとも適切で、もっとも成功したもののひとつとなり、二、三年後には全国にデイジースカウト団が誕生した。インクルージョンと選択の力を示す、またとない例だった。

私たちは、単にアイディアを提案するだけでなく、それが誰によってどのように実現され、いつ利用できるようになるかを具体的に示した。最大のポイントは、このアイディアに価値を見出し、それを使いたいと思う人だけが参加すればいいと言ったことだ。デイジースカウトを不要だと思う人は、受け入れる必要はない。利用を強制せず、各自の判断にゆだねたからこそ、このプログラムは完全に受け入れられたのだ。組織を分裂させかねなかったものが、目を見はるような結束をもたらした。それは、ガールスカウト米国連盟の長い歴史のなかでも、ひときわ輝かしい瞬間だった。

本章のしめくくりとして、変革を成功させるポイントを以下にまとめておこう。

成功を導くポイント

- メンバーやスタッフの声を聞く。頭の中で考えた仮定ではなく、実際のニーズに焦点を合わせる。
- 調査する。その分野の権威に協力をあおぐ。人々が求めているものは、一〇年前と同じとはかぎらない。
- 下準備をする——新しい取り組みは実際の環境で試す。

- アイディアやプログラムの開発、試験、検討にはすべての人を巻きこむ。
- 後ろから押すのではなく、正面から引っ張る。
- 意見の違いを尊重する。ただし、必要性が明らかな場合は前に進む。
- そりを出発させるタイミングを見極める。全員が乗るまで待っていては時宜を逸する。

8

危機のときこそ自分が見える

人はときに、変化の手綱を握っているつもりが、ふいに足元をすくわれ、窮地に立たされる。そして、そんな危機のときにこそ、自分の本性が見えてくる。過去の経験は、この試練を乗り越える力になっていたか？　冷静でいられるか？　信念は明確になっているか？　価値観に忠実でいられるか？……

一九八〇年代のある晩、サクラメントでアスペン研究所のセミナーに参加していたときのことだ。連盟本部から電話が入った。セントルイスのテレビ局にひとりの男があらわれ、ガールスカウトから買ったクッキーにピンが入っていたと主張しているという。男がピンを掲げながら、「このピンが、ガールスカウト・クッキーに入っていたんだ」と訴えている姿が、テレビ画面を通して数百万人の目に入ったのだ。

「箱はどこです？」と誰かがたずねた。

「捨てたよ」

「クッキーは？」

「もう食べた」

この男の言い分を裏づける証拠は何ひとつなかったが、テレビ局はそれを放映した。

翌日、さらに六個のピンがクッキーから見つかった。以後、この危機が収束するまでに、北はアラスカから南はマイアミまで、米国各地でじつに三〇〇本以上のピンが見つかった。子どもが、母親が、あらゆる人々がガールスカウト・クッキーの中にピンを見つけた。悪いことに、ガールスカウトの各支部は、ちょうどクッキー販売の時期を迎えていた。

私はただちにアスペンを出発し、翌朝九時に会議を招集した。参加したのは顧問弁護士、広報業務を委託していたバーソン・マーステラの社長と担当者（タイレノール危機でジョンソン＆ジョンソンのアドバイザーを務めた人物）、そして米国連盟のマネジメントチームと広報担当者だ。この会議で私たちは、「これは全国規模の危機ではない。発見されたピンはそれぞれ独立した事象として扱う。クッキー販売は中止しない」という方針を打ち立てた。そしてただちに上級職員を電話の前に座らせ、市民やスタッフからの問い合わせに対応させた。

クッキー販売を担っている全国の支部とも、こまめに連絡を取り合った。また、ＦＤＡ（米国食品医薬品局）がガールスカウト・クッキーを製造している七つの工場の査察を終え、製造工程に問題はないという結論を出すまで、私はマスコミに何も言わないようにと助言された。

この危機が起きたとき、私の脳裏に浮かんだのは「タイレノール危機」でジェームズ・E・バークとジョンソン＆ジョンソンが見せたみごとな対応だった［訳注：一九八二年、同社の看板商品だった鎮痛剤タイレノールに毒物が混入され、七人の死者が出た。このとき同社がとった迅速な対応、情報公開、再発防止策などが、危機管理の手本とされた］。あの危機が去ったとき、ジム・バークはすぐれた経営者の象徴に、ジョンソン＆ジョンソンは称賛される企業になっていた。バークの行動は、リーダーたる者は自社の信念と価値観にしたがって、わかりやすく率直な言葉でメッセージを伝え、国民と社員を安心させることが重要である、ということをはっきりと示していた。その証拠に、当時、もう終わりだとささやかれた「タイレノール」ブランドは、今も米国でもっとも売れている市販薬のひとつでありつづけている。

私は、ジョンソン＆ジョンソンに電話をかけた。すぐにバーク本人につないでもらえた。彼はとても協力的で、私が「ピン混入事件」のあらましを説明し、アドバイスを求めると、タイレノール危機のときに対応にあたった二人の副社長をニューヨークに送ると申し出てくれた。「今回、問題にあたっているのはどこのPR会社の誰ですか」と彼はたずねた。「バーソン・マーステラのトニーです」と答えると、彼は言った。「では、私たちの出る幕はなさそうですね。

彼ほどの適任者はいません。でも私たちにできることがあれば、いつでもお手伝いします」。事業を成功させつつ企業の社会的責任も果たしているリーダーがいると知ったことは、心強かった。

三日後、ふたたびＦＤＡが来た。そして、クッキーの製造過程にも流通過程にも問題はなかったことを報告してくれた。つまり問題のピンは、件《くだん》の男性がクッキーの箱を手にしたあとであらわれたというわけだ。私はこの時点で初めて確証を持って、クッキーのなかのピンはクッキーが客の手にわたってからあらわれたと、マスコミに伝えられるようになった。

このあと、ＦＢＩは「スティックピン捜査作戦」を立ち上げ、三〇〇あまりの混入事件のすべてを調査した。その結果、全部の事件がつくり話だったことが判明した。その時点ではまだ、ピンが入っていたという報告は引きつづき寄せられていたが、ＦＢＩがテレビで、「虚偽の報告は犯罪で、二万ドルの罰金と五年の懲役の対象になる」と伝えると、報告はぱたりと途絶えた。

この一件で私たちが学んだ教訓は明快だった。①外部の助けを借りずに自分たちだけで解決しようとしないこと。②広報と法務の専門家からアドバイスを受け、それにしたがうこと。専門家の判断をあとから批判しないこと。③勇気をもって計画を遂行すること。一度立てた計画は安易に変えないこと。④リーダーやスタッフ、メンバーと密に連絡を取り合うこと。

現在、この経験は危機管理トレーニングにおいて、製品の改ざんに対処する方法を学ぶためのケーススタディとして使われている。

すぐに公式声明を出さないという方針には、組織の内部にも疑問視する声があった。しかし私はこう言った。「三日間は発言しません。PR会社と弁護士の助言にしたがいます。答えが明確になり、言うべきことができたら、そのときに話をします」。沈黙を守ることはつらかったが、この戦略はうまくいった。

前述したように、自分の本性は危機のときにこそわかる。私は一〇代のときから社会の荒波にもまれて生きてきた。家族の絆は強かったが、人生のかなり早い段階から社会に出ていかなければならなかった。若いころに経験したその喪失と責任が、のちに私がすることややり方に大きな影響を与えた。

どんな価値観にしたがい、どんな人と交わり、どんなことを経験するか――それがその人の人格と使命を決めるのだ。

冷静なリーダーであれ

古い書類を見返していたとき、ある支部CEOがくれた手紙が出てきた。彼女は一九八九年一一月一日に開かれた私の送別会に参加してくれた、三三四人の同僚のひとりだった。以下は、その抜粋だ。

あなたに感謝の気持ちをお伝えしたくて、この手紙を書いています。
激動の時代を、たくましく生き抜いていける組織——
あなたのおかげで、私たちはこんな評価を得ることができました。
しかも私たちは、この変化をじつに優雅に起こすことができるようになりました。
あなたには私が称賛してやまないリーダーの資質がそなわっています。
それはビジョン、不屈の精神、そして「緊急時の冷静さ」です。

愛をこめて

ケイト

当時の私に、ガールスカウトの支部CEOがリーダーの資質と考えているものは何かとたずねても、「緊急時の冷静さ」は出てこなかっただろう。ケイトの言うとおりだ。リーダーは緊急時に冷静さを保つことで、組織のメンバーにきわめて重要なメッセージを送ることができる。リーダーが冷静なら、メンバーも冷静でいられる。

緊急時の冷静さは、ピーター・ドラッカーの言う「まず考え、最後に話せ」にも通じる。どんなにすぐれた経営手腕の持ち主だろうと、メッセージを冷静に伝えられなければ危機は管理できない。「コミュニケーションとは、何かを言うことではなく、聞いてもらうことである」と理解しているリーダーであれば、危機のときにも組織のメンバーが聞き、理解し、価値を認め、自分のものとできる言葉を見つけだすはずだ。

あなたはどこまで備えているか

残念なことに、今やずさんな危機対応の例はあらゆる組織に見られ、未来の危機に備える必要性はかつてないほど高まっている。実際には、そのような危機は起きないかもしれないが、責任感のある有能なリーダーは、それを予期しておかなければならない。

しかし近年は、この責務を理解しているリーダーも、未来の危機にそなえて組織を改革しているリーダーも、危機に的確かつ倫理的に対処するための価値観を組織に浸透させているリーダーもほとんど見ない。有事に先頭に立って指揮をとり、オープンで強力なコミュニケーションを実践するリーダーも稀有だ。かつて、すぐれたリーダーたちはみな、空に一片の雲もないうちから準備を整え、コストのかかる措置（賢明な投資を含む）を講じ、それによって人々を、ひいては組織の評判と未来を守った。

危機管理とは、危機が起きてから現場で学ぶものではない。危機に的確に対処できる組織は、平時から準備を整えている。そのような組織の価値観はたいてい明確で、ミッションは明文化され、それを全員が理解している。そのような組織は、危機によってさらに強くなることさえある。しかし、自分たちが何を支持しているのかを理解していない組織は、危機が起きると弱体化し、ときには崩壊する。つまり、危機のときですら、リーダーシップとはどうやるかではなく、どうあるかの問題なのだ。

とはいえ、賢明なリーダーが必ずしたがっているステップはある。

二〇〇一年九月一一日に起きたことは、まさに強力かつ的確な危機管理の実例だった。消防士、警察官、医療関係者、レスキュー隊員が、想像を絶する惨事に立ち向かっていくさまを世界が目撃した。彼らは過去の何百もの危機で学び、実践してきたスキルを用いて、あの究極の試練に立ち向かった。無数のチームがひとつのチームとなり、彼らの計画、準備、情熱、底なしの勇気、徹底した献身が、アメリカを、世界を奮い立たせた。

あのとき彼らは、とほうもない規模で危機管理の究極の例を教えてくれた。彼らが身をもって示した教訓は、あらゆる組織の、あらゆる規模の、あらゆる危機に適用できる。

まず第一に、すべての組織は危機管理チームを立ち上げ、自分たちを見舞う可能性のある危機を洗いだし、その一つひとつについて対応策を考えなければならない。これには時間も費用もかかるが、組織にとって最高の災害保険だ。また、危機管理に関わる資料は、チームのメンバー全員が簡単にアクセスできる場所（机やコンピュータ）に保管する。

計画が完成したら、それを実行に移すためのトレーニングと準備をはじめる。暗黒の日にそなえるノウハウを内部に蓄積している組織もあるが、それ以外の組織は、外部のコンサルタントの手を借りる必要があるかもしれない。

起きる可能性のある危機をどれだけ慎重にリストアップしても、リストにない危機が起きることはある。それでも原則は変わらない。たとえ予期していたものとは違う危機が起きたとしても、行動計画は有効であり、よりよい結果を生むはずだ。

不測の事態が起きたときに鍵となるのは、ミッション、価値観、誠実なマネジメントとコミュニケーションだ。たとえば有能なリーダーは、組織の内部はもちろん、あらゆる利害関係者とのコミュニケーションが、社会全体やマスコミとのコミュニケーションと同じくらい重要であることを知っている。このようなリーダーは、組織のミッションや価値観と一致したメッセージを語り、誠実でオープンな態度で人々と交わる。組織の内外の関係者と密接に連携し、彼らが大切にしているものに焦点を合わせる。

近年の状況と過去の教訓はどちらも、リーダーシップには危機管理が欠かせないことを示している。くりかえそう。そのための準備には費用も時間もかかるが、組織が自信、信頼性、重要性を維持していくためには必要な投資だ。ちなみにガールスカウト米国連盟は、幸いにもピン混入事件の数カ月前に、主要なボランティアとスタッフを対象に危機管理トレーニングを実施していた。まるで天のはからいのような偶然だった。

参考までに、私の危機管理のステップを以下に整理しておこう。

- 危機管理チームを立ち上げる。
- 組織を見舞う可能性のあるすべての危機と、個々の危機を解決するための措置をブレインストーミングする。
- 基本計画を立て、周知する。計画には責任分担を明記する。
- 米国連盟の公式のスポークスパーソンを指名する。
- 本部だけでなく支部の体制も入念に整える。本部と支部は同じメッセージを発信し、同じ対応をとらなければならない（支部でも、本部からのメッセージを発信するスポークスパーソンを任命する）。
- 優秀な広報チームやPR会社を確保ないし配備する。

危機の際にこそ、リーダーの資質と人格が試される。好むと好まざるとにかかわらず、危機はあなたの本性をさらけだすことを忘れてはならない。

9 ドラッカーとの旅

ニューヨークに来て五年がすぎたころ、ニューヨーク大学学長のジョン・ブラデムスから一通の手紙が届いた。ピーター・ドラッカーの講演を聞きに、大学のクラブハウスで開かれる夕食会に来ないかという誘いだった。その会には、さまざまな財団や大きな非営利組織の代表者が五〇人ほど集まる予定だという。ドラッカーと個人的に話す機会はなさそうだったが、少なくとも彼の話を間近で聞くチャンスだった。

招待状には「午後五時三〇分：レセプション」と書かれていた。西ペンシルベニアで育った人間にとって、五時三〇分は文字どおり五時三〇分を意味する。そこで当日の晩、私は時間どおりに大学へ行った。しかし、会場にいたのは二人のバーテンダーだけだった。振り返ると、ちょうどひとりの男性が会場に入ってきた。「ピーター・ドラッカーです」と彼は名乗った（ウィーン育ちの人間にとっても、五時三〇分は五時三〇分を意味するらしい)。私は驚きのあまり、初対面のあいさつをすることも忘れ、いきなり「ガールスカウトにとって、あなたがどれだけ重要かご存じ?」と切りだした。「いや、教えてほしいね」と彼は言った。

そこで私は、二二〇万人を超える少女に奉仕する七六万六〇〇〇人の並外れた男女が(このうち有給のスタッフは一%にすぎない)、いかにして組織改革を成し遂げたかを語り、こうつづけた。「ガールスカウトには三三五の支部がありますが、どの支部にもあなたの著作が並んでいます。私たちの経営計画や運営方針をまとめた文書を読んでください。私たちのマネジメントと構造を調べてください。きっと、あなたの哲学が見つかるでしょう」

「勇敢な人たちだ」とピーターは言った。「私には恐ろしくてとてもできない。教えてくれ、その改革はうまくいったのかい?」

「それはもう」と私は答えると、こうつけ加えた。「勇気を奮い起こしてあなたに電話をかけて、クレアモントにあなたを訪ねる許可をいただきたいと何度も思ってきました。一時間ください。そうすれば、あなたが効率的な組織の条件として掲げているものをすべてご覧にいれましょう。私たちには、そのすべてがあるのです。現在の私たちを見てください。そして私たちが、この社会でどのようにリーダーシップを発揮し、未来へ向かっていくべきか、教えていただきたいのです」

するとピーターは言った。「どちらかが出張するまでもない。近くニューヨークへ行く用があるから、君のために一日空けておこう」。そして、その日までにガールスカウトの支部（少女たちやリーダーたちが活動している現場）とサーキュラーマネジメントについて調べ、ガールスカウトは米国でもっともよくマネジメントされている組織であると断言してくれた。「タフで勤勉な女性たちにできないことはない」と彼は言った。私たちがタフかどうかはわからないが、勤勉であることは間違いない。

一九八一年、待ちに待った初会合の日がやって来た。ガールスカウトの役員用会議室には、米国連盟の理事とスタッフが集まっていた。私たちはみな、彼がこの五年間の成果に対して何かコメントをくれるものと期待していた。この並外れた男女こそ、支部のパートナーとともにドラッカーの原則を用いて組織改革を成し遂げた張本人なのだから。

ところが彼は、私たちの前に立って招待に感謝すると、予想もしていなかったことを口にした。「あなた方は、自分を〝等身大〟で見ていない」。そしてつづけた。「自分たちの仕事の重要性を理解していない。われわれは子どものことを気にかけるふりをしながら、実はそうではない社会に住んでいる」。私は立ち上がって異議を唱えたかったが、返す言葉が見つからなかった。彼は言った。「少女たちをせきたてるように大人にしてしまう社会のなかで、あなた方はほんのしばらくの間、少女が少女でいられる機会を与えているのだ」。全員が彼の言葉を真《しん》摯《し》に受け止めた。

会議が終わると、私たちは三番街八三〇番地に建つガールスカウト本部（過去の勇気ある理事会とスタッフが建設したもの）のロビーでピーターを見送った。彼は私を見て言った。「建物を見れば、その組織のことがよくわかる。この建物には、この組織の文化がはっきりと見てとれる。緊張はほとんどなく、卑しさはみじんもない」。私は「卑しさ」という言葉が、このように使われるのを初めて聞いた。彼のシンプルだが本質をついた言葉は、常に私たちの指針となってきた。今日の世界を見わたすと、「卑しさがないこと」の価値が身に染みてわかる。

この日から八年にわたって、私たちはピーター・ドラッカーの並はずれた寛大さの恩恵に浴した。彼は年に二、三日をガールスカウトのために割き、私たちを研究し、私たちと語り、助言し、私たちについて書いてくれた。ニューヨーク・タイムズ紙の記者に、「フランシス・ヘッセルバインなら、この国のどんな企業も経営できる」と語ってくれたのも彼だ。

また、ガールスカウトの全国大会では毎回講演し、私たちが壁を乗り超え、未来へ突き進むことができるように励ましてくれた。よく知られているガールスカウト米国連盟の復活劇には、ピーターが深くかかわっていたのだ。

どんな人として記憶されたいか

ガールスカウトを去る一年前の九月、私は自分にとって最後となるアドベンチャー・イン・エクセレンス会議（7章参照）に出席した。最後の講演者はピーターだった。プログラムには、「ピーター・ドラッカーとフランシス・ヘッセルバインによる対談」と書かれていた。

私はピーターとともにステージに上がると、用意されていた椅子に座って司会者の合図を待った。すると司会者が言った。「フランシス、だましてごめんなさい。これは対談ではないの。これからピーター・ドラッカーがあなたにインタビューします」。ガールスカウトの優秀なリーダーたちとすごす最後のひとときに、五〇〇〇人近い仲間の前でピーター・ドラッカーからインタビューを受ける気分を想像してほしい。

インタビューがはじまると、私はときにはっとし、ときにたじろぎながら、彼の質問に答えていった。それは私の人生のなかでも、永遠に心にとどめておきたいひとときだった。とくにピーターの最後の質問は考えたこともないもので、思わず沈黙させられた。「フランシス、あなたが去ったのち、ガールスカウトの壁にはあなたの肖像が掲げられるでしょう。額の下には小さな真鍮《しんちゅう》製のプレートがついていて、あなたを説明する言葉が刻まれています。そこには何と書いてあると思いますか」。そんなことは考えたこともなかったが、こんな言葉が口をついて出た。『彼女は一度も約束をやぶらなかった』だったらうれしいですね」

ピーターは言った。「いいえ、そこにはこう刻まれるでしょう。『彼女は信念を貫いた』と」。

あれから長い年月がすぎたが、この夜にピーターから受け取ったメッセージは今も私とともにあり、私の人生を導く指針となっている。

私は今でもときおり、ピーターの存在を近くに感じながら、次のような言葉で講演をしめくくる。「二〇年後、こんなふうに呼ばれる人になってください。『未来からの呼び声に彼らは答えた。彼らは信念を貫いたのだ』と」。聴衆は、私がそうしたように、「信念を貫く」という言葉を自分なりに解釈して、それぞれの人生に活かしてくれている（ピーターによるこのときのインタビューの全文は、本章の最後に掲載した）。

ドラッカーの遺産

ここで、ソーシャルセクターの分野でピーターが遺した仕事に目を向けたい。彼はソーシャルセクターを企業と政府の対等なパートナーと再定義することで、このセクターに新しい評価と重要性をもたらした。彼は、「非営利という言葉は、〝何が私たちでないか〟を定義しているにすぎない」と言い、「ソーシャルセクター」という新しい名前を与えた。彼自身が述べ、確信していたように、「社会的ニーズにもっともよく応えてきたのは、このセクター」だからだ。「何であれ、この国が抱えている問題に解決策を見つけだすのはソーシャルセクターである」と彼は言った。

一九八九年、ピーターはハーバード・ビジネス・レビュー誌の七‐八月号に「企業は非営利組織から何を学べるか」と題する論文を発表した。中身を読むまで、このタイトルを誤植だと思い込んでいる人もいた。その内容は、非営利組織は企業や政府の従属的なパートナーにすぎないという古い考えをくつがえすものだった。ピーターはこう書いている。「もっともよくマネジメントされている非営利組織は、もっともよくマネジメントされている企業よりも、さらによくマネジメントされている」

彼の存命中に、国内外の大学やカレッジでは、非営利組織のマネジメントを学ぶプログラムが急増し、そこから次々と社会的事業が生まれた。彼の晩年の功績のひとつは、ビジネスリーダーが地域社会を企業の責任と見なすようになったことだ。「どの機関、どのセクターのリーダーも……二つの責任を負っている。ひとつは自分の機関の業績に対する責任と説明義務だ。この責任を果たすために、リーダーと機関は集中し、焦点をしぼり、範囲を限定しなければならない。そしてもうひとつ、彼らは地域社会全体に対する責任も負っている」

ピーターはどのセクターにも大きな影響を及ぼした。なかでも重要な成果のひとつは、有能で高潔な企業リーダーとソーシャルセクターが手を組み、セクターの枠を超えた協働、同盟、パートナーシップを掲げるようになったことだろう。

二〇〇五年四月、私たちはドラッカー財団の一五周年を祝うために、ピーターの生涯と貢献を称える夕食会「シャイン・ア・ライト（光を灯す）」を開いた。この名称は、その晩の趣旨にぴったりだった。それこそピーターが九五年の生涯をかけてしつづけたことだからだ。生誕一〇〇年がすぎた今も、ピーターは光を灯しつづけている。その光は、彼の哲学に初めて触れる若者たちをも鼓舞する。

現代のリーダーたちが、ドラッカーの哲学を欠くべからざる旅の道連れとしてきたように、未来を担う若いリーダーも、ドラッカーの思想に今日的な意義とインスピレーションを見出している。彼の光は三つのセクターのすべてに広がり、彼のメッセージを渇望しているすべてのリーダーを照らしだす。彼のメッセージは人々を啓発し、人々の人生を変え、彼らが有能なエグゼクティブに、未来のリーダーになれるように導いている。

ピーターが亡くなる前、私は彼に電話をかけ、彼が二〇年前にガールスカウトの理事たちに言い放った言葉（「私たちは子どものことを気にかけているふりをしながら、実はそうではない社会に住んでいる」）について改めてたずねてみた。「ピーター、今も同じように感じているの？」。長い沈黙のあと、受話器の向こうから悲しげな声が聞こえた。「フランシス、あれから何が変わったと言うんだい？」

彼はつづけた。「答えは私にもきみにもわかっているはずだ。われわれがしなければならないことはただひとつ、高校の卒業証書を手にできない子どもたちに関する悲惨な統計を、米国の公教育の現状を調べることだ。今や米国の公教育は世界九位にまで後退している。かつては世界一位だったというのに」

どんな組織で話をするときも、私は現代のような暗い時代に「社会を救う可能性を秘めているのは、企業でも政府でもなく、ソーシャルセクターである」とピーターが確信していたことを伝えるようにしている。彼は悲観論者ではなかったが、現代の社会を見つめる目はきわめて冷徹だった。

一九五四年、人生の中盤を迎えていたピーターは、自著『現代の経営』（ダイヤモンド社）のなかで、「組織の目的は顧客を創出することである」と書いた。そしてこの本の最後では、「企業は、公共の利益と自社の利益が一致するような形で経営されなければならない」と述べた。どちらも一九五四年には革命的な主張だったが、現代においては、人々に力強く行動を呼びかける声になっている。

ドラッカーの人柄

私は光栄にも、一九八一年からピーター・ドラッカーのすぐ近くで学ぶ機会を得た。「非営利組織経営のためのピーター・F・ドラッカー財団」の立ち上げにも参加し、一九九〇年からの一二年間、彼から直接聞き、学んだ数少ないの幸運な人間のひとりとなった。

彼はドラッカー財団の理事会とカンファレンスには必ず出席し、ビデオ会議では進行役を務めた。財団がツール、書籍、ビデオを制作するときには助言を与え、財団の発行するリーダー・トゥ・リーダー誌に寄稿した。ドラッカー財団の活動には、すみずみにまで彼の哲学が行きわたっていた。それは今も同じであり、これからも変わらないだろう。

ピーターのことを考えると、その優雅な物腰、寛大さ、礼節の力が思い出される。いずれも彼の人格ややり方と切っても切り離せないものだった。彼は自分を知る人々にいつも「手本という贈り物」を与えた。時間も助言も惜しまなかった。

初めてガールスカウトの改革に参加した日から八年間、彼は毎年数日をガールスカウトのために割いてくれた。つづく一二年間は、ドラッカー財団の活動に時間とエネルギーと知恵を注ぎ込んだ。そして私たちは、ピーターからビジョンとミッションへの情熱を学んだ。何千人もの財団メンバー、寄稿者、参加者も、ピーターの情熱を共有し、彼の影響力と感化力を広げるという財団の活動に、新たな活力をもらしてくれた。

ピーター・ドラッカーはまれな才能の持ち主、比類なき天才だった。彼には概念や哲学を生みだし、それを短く、力強く、説得力にあふれた言葉で伝える能力があった。どんなにすぐれた知性、才能、コミュニケーション能力の持ち主だろうと、あらゆるセクターのあらゆるレベルのリーダーに影響を及ぼせることはまれだ。概念が持つ力は、長たらしい説明によって弱められてしまうことも多い。しかしピーターは、「コミュニケーションとは、何かを言うことではなく、聞いてもらうことである」と主張し、それを実践した。短く力強いメッセージで自分の考えを伝えた。そして「ミッションはTシャツにおさまるくらい簡潔なものであるべきだ」と、くりかえし私たちに言い聞かせた。

リーダーシップとは何かをわかりやすく定義したいときも、私はピーターの英知に頼ることが多い。彼は伝えたいことを心に響く短い文章、時代や状況に合った力強いメッセージに落としこむ天才だった。彼がリーダーシップについて語った言葉が四つある。どの言葉も、リーダーシップの真髄を理解する助けになるはずだ。

①リーダーの定義はひとつしかない。それは「フォロワーを持つ者」だ。思想家型のリーダーもいれば、預言者型のリーダーもいる。どちらの役割も重要であり、切実に必要とされている。しかしフォロワーがいなければ、リーダーも存在しない。

②有能なリーダーとは、愛される人間でもなければ、称賛される人間でもない。それはフォロワーが正しいことをしている人間である。人気とリーダーシップは関係ない。リーダーシップとは成果である。

③リーダーは目立つ。ゆえに模範となる。

④リーダーシップは地位でも、特権でも、肩書きでも、金でもない。責任である。

「まず考え、最後に語れ」というピーターの言葉を心に刻み、人生の指針としている人は多い。ドラッカー財団の理事会では、参加者の発言に静かに耳を傾けていたピーターが、おもむろに彼らしい洞察力を発揮し、短く鋭い言葉で問題を鮮やかに浮かび上がらせ、参加者の視野を広げ、未来へといざなう姿がよく見られた。過去を尊重しつつ、未来を大胆に定義することは彼の偉大な才能のひとつだった。

たとえば彼は、何年も前に、いずれ世界はドイツの再統一を目にするだろうと書いた。当時、そのような主張をしている人はどこにもいなかった。だから、時が流れ、実際に再統一が起きたとき、人々はなぜそれを予言できたのかと問うた。彼は答えた。「私は予言などしない。窓の外を眺め、明らかではあるが、まだ認識されていないものを見るだけだ」。ピーターの哲学から出たこの言葉は、見通しが立たず、未来を予言しようとさえしない人であふれる今の時代に、彼と同じように窓の外を眺め、「明らかではあるが、まだ認識されていないもの」を見ることを、人々に促している。

ピーターを直接知る人々はみな、彼との個人的なエピソードを持っている。彼とすごした時間は、私たちをよりよい人間にしてくれた。しばし私たちとともに歩んでくれた、この物静かで礼儀正しい巨人は、答えを与えるよりも、質問を投げかけるほうが多かった。まず考え、最後に語った。

私にとって、とくに印象に残っているエピソードがひとつある。九・一一から間もないころ、スタッフとともにニューヨークにあるドラッカー財団のオフィスにいた私は、これから組織をどう運営していくべきか、この悲劇にどう対処していくべきか頭を悩ませていた。そこでピーターに電話をかけ、スタッフや理事たちと分かち合えるメッセージを送ってほしいと頼んだところ、クレアモントのピーターから、こんな言葉が届いた。

ニューヨークのドラッカー財団に集う友人ならびに同僚諸君

親愛なる友へ

ドリスと私は、きみたち全員が無事で、このとてつもない惨事に個人的に巻きこまれた者がひとりもいなかったことをフランシスから聞き、とてもうれしく思っている。きみたち一人ひとりが感情的なショックから速やかに、そして完全に復活することを心から願っている。この町の住民ですら——五〇〇〇キロ近くも離れているというのに——今回のできごとからまだ完全には立ち直っていない。みなも気づいていると思うが、ドラッカー財団のミッションと活動は今後、よりいっそう重要性を増していくだろう。主要国のなかで、テロリズムを経験していない国は米国だけだった。ドイツ、フランス、日本は過去数十年の間にテロリズムを経験した。英国とスペインは今もテロリズムと隣り合わせだ。これらの国々の経験から学ぶべきことがあるとすれば、それは日常生活と市民社会を放棄しないということだろう。それこそ、テロリストたちが望んでいることなのだから。私たちがすべきは、その真逆、すなわち日常生活と市民社会を強化し、その基本的な価値観と品位を再確認することである。そしてそれは、つまるところ、ドラッカー財団の使命にほかならない。

愛と心からの友情をこめて。

二〇〇一年九月一八日　カリフォルニア州クレアモントより

ピーター・F・ドラッカー

ピーターの訃報を聞いたのは、二〇〇五年一一月一一日、タンパで開かれたカンファレンスで講演をしていたときだった。私はニューヨークに戻ると、飛行機でカリフォルニアに飛び、一四日の月曜日の午後に、ラバーンのセントジョンズ聖公会教会で開かれた身内だけの小さな告別式に参列した。

会場には彼の人生をたたえるために二五人の男女が集まっていた。夫人のドリス・ドラッカーと四人の子どもたち、六人の孫、古い友人たち、クレアモント大学院の関係者、ボブとリンダ・ブフォード、ジョン・バックマン、そして私だ。

ドラッカーの息子のビンセント、娘のセシリー、そしてジョン・バックマンが話をしたのち、礼拝が執り行われた。ピーターの告別式は、全員が「アメージンググレース」を合唱するなか、静かな感動につつまれて幕を閉じた。

私たちは、物静かで偉大な知性の人、温かな心を持った寛大な友人を失った。ピーターはソーシャルセクターを再定義し、社会を再定義し、リーダーシップとマネジメントを再定義した。そしてミッションとイノベーションと価値観に新たに力強い意味を与え、それによって私たちの人生を変えた。

リーダー・トゥ・リーダー・インスティテュートは、今もピーター・ドラッカーが遺したものを生き、彼のメッセージと哲学を全国に、そして全世界に伝えている。ピーターの人生と仕事は今も、私たちがドラッカーの門下に入った遠い昔と同じように、今日的意義を持ちつづけている。

ピーター・ドラッカーによるフランシス・ヘッセルバインへのインタビュー

ガールスカウト・エディス・メイシー・カンファレンスセンターにて（一九八八年九月）

ピーター・F・ドラッカー：休むことなく行動してきた一二年間だったと思います。これまでの日々を振り返って、ご自身の最大の業績は何だと思いますか。

フランシス・ヘッセルバイン：あえて言うなら、①ミッション志向のマネジメントを実践し、三三五の支部と本部の間にすばらしい一体感を生みだしたこと、②ガールスカウト史上、もっとも広範で抜本的な多様性を実現したこと、③ボランティアとスタッフの間にパートナーシップを築いたことでしょうか。このパートナーシップのおかげで、私たちは立場をめぐって争うことなく、ミッションの追求に専心することができました。

ドラッカー：これまでに学んだことのなかで、もっとも有効だったものは何ですか。

ヘッセルバイン：私たちは、どんなときもミッションを最優先することを学びました。疑問が生じたときは、こう自問しました。「この行動は少女たちのためになるだろうか。ガールスカウティングにとってよいことだろうか。ミッションの達成に寄与するだろうか。私の仕事を助けてくれるだろうか。ほかの人々の役に立つだろうか」。ひとつでも「ノー」という答えが浮かんだときは、その行動は見送りました。

ドラッカー：あなたは今、とても大切なことをおっしゃいました。まさに、そのとおり。ひとつでも「ノー」という答えが浮かんだらやらない。とても、とても大事なことだと思います。では、そのことをどうやって分析するのですか。どう調べるのですか。

ヘッセルバイン：ミッションを定めたら、次のステップはゴール設定です。ゴールを定めたのは理事会です。それは理事会が考える、ガールスカウトにとって望ましい未来のビジョンでした。これを青写真として、次はスタッフが、これらのゴールを達成し、ミッションを追求するための目標と行動計画を考えました。これによってガールスカウト全体が、共通の価値観に根差したミッション志向の計画管理システムで貫かれました。

システムが完成したら、次の「すべきこと」は、ミッションと目的に合った「スタッフの配置」を考えることでした。支部に何かを提供するときは必ず、少女、団、リーダーに焦点を合わせるようにしました。意識してコミュニケーションをはかり、あなたがおっしゃったように、マネジメントとはつまるところ人間のマネジメントであることを忘れないようにしました。

ドラッカー：今度は、「すべきでないこと」についてお伺いします。ガールスカウトでうまくいかなかったことは何ですか。

ヘッセルバイン：漫画「ピーナッツ」に登場するチャーリー・ブラウンのセリフに、いつも心にとめているものがあります。チャーリーは言いました。「こんなにまじめにやっているのに、どうして負けるんだろう」。私に言わせれば、それは「よくあること」です。だから私たちは、他人の考えを憶測しないようにしているのです。私たちがいくら「善意と思いやり」に満ちているからと言って、相手もそう思ってくれるとはかぎりません。私たちは本部でつくったものを、ただ団に送りつけてもうまくいかないことを学びました。何かをつくるときは、支部と本部からメンバーを集め、チーム体制で開発します。そして完成したものは現場でテストします。プログラムを開発するときは、その過程に関係者を巻きこめば巻きこむほど受け入れられ、成果を上げる可能性も高まることを学びました。

ドラッカー：今あなたは、少なくとも三つのことを言われました。ひとつは、正しいかどうかよりも誠実であれということ。二つ目は、全員を一度に変えようとしないこと——テストし、必要に応じて変更を加えること。そして三つ目は、何かをつくるときは、それを使わなければならない人を開発段階から巻きこみ、あらかじめ支持を得るようにすることです。そうすれば人々は、自分がこれから試そうとしているものを理解し、その有効性を確信するようになる。どれも重要な指摘です。

今のお話には詳しく出てきませんでしたが、こうしたアイディアやチャレンジはどこから来るのですか。

ヘッセルバイン：「すべきでないこと」があるとすれば、それは知恵や名案は経営陣や取締役会のなかにしかないと思い込むことです。必ず全員の考えを聞かなければなりません。アイダホ州ボイシの団リーダーにも、委員会の新しいメンバーにも、入ったばかりのスタッフにも、郵便室の若者にも、です。誰もが貢献できるものを持っています。すぐれたアイディアやすばらしいチャレンジは、ときとして現場や予期せぬ場所から生まれます。素直で前向きな態度で、あらゆる場所からアイディアを受け入れるためには、とらわれのない柔軟な心と価値あるものを見分ける目が必要です。自分たちは何でもわかっていると考えるのは致命的な過ちです。

ドラッカー：次は、うまくいかなかったことについてお聞きします。過去を振り返って、何に不満を感じていましたか。

ヘッセルバイン：時間の管理に関しては、ずっと不満がありました――すべきこと、したいことにあてる時間をどう確保するかです。私は、扉が開かれていて、その先にすばらしいチャンスがあるなら、必ずつかむようにしてきました。半年後にまた来てくださいとチャンスにお願いすることはできません。その結果、私の予定表はどの日もどの月も、恥ずかしくてとても人には見せられない状態です。予定がぎゅうぎゅうにつめこまれているのです。

自分自身の時間管理について言えば、今から一二年後も私はまったく進歩していないでしょう。でも正直なところ、ピーター、私はそれほど不満を感じたことはないのです。不満というのは、したいことがあるのに、それを阻む障害がたくさんあるときに生じるのではありませんか。私にはしたいことをする自由と裁量がたっぷりとありました。

ドラッカー：では、将来に目を向けてみましょう。

ヘッセルバイン：私たちの組織が直面している大きな課題は三つあります。ひとつ目は、人口構造の問題を正しく理解することです。もちろん、これは私たちだけの問題ではありませんが、人口構造が急速に変化しているという事実は、脅威ではない。前例のない、きわめて有意義な方法で奉仕する格好の機会ととらえるべきです。これから必要になるプログラム支援を予測し、あらかじめ準備をしておくのです。かすかな変化の兆しをとらえて万全の準備を整えておけば、いざ大きな変化があらわれてきたときも対応に追われる心配はありません。この組織の性質を理解したうえで、新しい機会を数字や金額ではなく、奉仕と一人ひとりの少女の可能性という観点からとらえることが大切です。

私たちはモン族、ベトナム移民、メキシコ系アメリカ人の子どもたちと接触しようとしていますが、平等なアクセスは郊外の第二長老派教会の地下で活動している少女たちにも与えられるべきです。モン族の子どもたちに奉仕することは、私たちの気分を高揚させてくれるでしょう。でもウェストバージニアの子どもたちもまた、大きなニーズを抱えていることを忘れてはなりません。平等なアクセスは、文字どおり、平等に与えられなければならないのです。

六年後、八年後、一〇年後には、社会は今よりも多元的な場所となり、活力にあふれた多元的な組織が、目を見張るような多様性を実現していることでしょう。そのとき私たちは、絆を失いつつある地域社会に、ふたたび強い絆をもたらそうとしている人々の仲間入りをするのです。私たちは、平等なアクセスを実現するという誓いを胸に、新しい、より有意義な方法で少女たちに奉仕するでしょう。地域社会が崩壊しつつあるなか、私たちは地域の絆を育むこと、あるいは維持することを助ける大きな力となるはずです。

二つ目の課題は、七三万八〇〇〇人の成人メンバーと関係しています。ガールスカウトは、成人教育機関としても米国最大の規模を誇ります。ですから私たちは、米国のどの機関よりもすぐれた社会人教育の機会を提供していくつもりです。

この二つを推進することで、私たちはこれまで以上に強力な役割を果たすようになるでしょう。そして三つ目の課題は、少女や私たちのミッションに影響を及ぼす問題に対して、ガールスカウト米国連盟の発言力を高めることです。つまり、エネルギーを浪費せずに、組織の存在理由、すなわちミッションに焦点を合わせていくということです。

ドラッカー：そのための土台を、あなたやあなた方は、この一二年間で築いてこられたのですね。

ヘッセルバイン：そう意識していたわけではありません。自分の仕事をしてきたまでです。でも、おっしゃるとおり、私たちは未来の土台を築いていたのでしょう。何かを決めるときには常に将来のことを、その決断が未来にもたらす影響を考えるようにしてきましたから。

ドラッカー：フランシス、あなたが去ったのち、ガールスカウトの壁にはあなたの肖像が掲げられるでしょう。額の下には小さな真鍮製のプレートがついています。そこには何と書いてあると思いますか。

ヘッセルバイン：「彼女は一度も約束をやぶらなかった」だったらうれしいですね。

ドラッカー：いいえ、そこにはこう刻まれるでしょう。「彼女は信念を貫いた」と。

10

あるべきパートナーシップの姿

効果的なガバナンスとマネジメントは、どんな組織にも欠かせない——そのことを私たちは時代から学びつつある。ここ数年、新聞の一面や夜のニュース番組は、機能不全に陥ったリーダーの悲劇を伝えつづけてきた。それは、ミッションに背を向け、受託者責任を忘れ、従業員をないがしろにし、株主と一般市民の利益を軽んじた会長、社長、ＣＥＯの物語だ。

こうしたニュースに接するたびに、人々は衝撃を受け、信じがたいという思いにとらわれた。しかし破綻した、あるいは破綻しつつある企業、組織、公的機関のリストは伸びる一方だ。取締役会（理事会）やマネジメントチームのメンバーはこぞって、「未来の背信行為を防ぐために、今できること」を探りつづけている。

人々は世間を騒がせている企業スキャンダルにばかり目を奪われているが、実際には非営利組織にも政府機関にも、リスクは潜んでいる。世の中には、理事会に情報を隠したり、取締役会を操作しようとしたり、「仲良しクラブ」のなかから取り巻きを選んだりしているＣＥＯがいる。ＣＥＯの行動を後知恵で批判したり、ＣＥＯを迂回してマネジメントチームのメンバーに指示を出そうとする取締役会もある。直接的な原因は組織によって違うが、取締役会とＣＥＯの関係が機能不全に陥っていることに変わりはない。彼らは相反する目的に仕え、互いを組織経営のパートナーというより敵と見なしている。

ガバナンスとマネジメントの峻別

ガールスカウト米国連盟のＣＥＯだったとき、私は三人の理事長と仕事をともにし、幸いにも全員とすばらしいパートナーシップを築くことができた。ガールスカウトでは優秀なボランティアが理事長や理事を務め、その大半がマネジメントやパートナーシップの力を理解していた。スタッフはそれぞれの仕事に励み、マネジメントチームは理事会に明確な提案を行い、理事会はそれを検討する。私がＣＥＯに就任したとき、本部には八〇〇人、支部には六〇〇〇人のスタッフがいたが、じつに強力かつ建設的なパートナーシップだった。

私がペアを組んだ三人の理事長は、グロリア・スコット、ジェーン・フリーマン、そしてベティ・ピルスベリーだ。全員がユニークな個性の持ち主であり、卓越したリーダーだった。私たちはガバナンスとマネジメントを明確に切り分けた。理事会はビジョン、ミッション、ゴールに責任を負い、マネジメントはミッションを追求し、ゴールを達成するための具体的な目標と行動計画に責任を負った。理事会がマネジメントの問題に干渉することはなかったし、スタッフがガバナンスの問題に介入することもなかった。

組織は、一体感がないときや、メンバーが縄張り争いや役割の決定に時間を費やしているとき、あるいは会長とＣＥＯが互いに敬意を払っていないときに足元から崩れだす。こういうときは、組織を導くための時間を浪費しているに等しい。だから私たちは互いを尊重し、認め合うことの大切さを訴えつづけた。

「ノーサプライズ」の鉄則

私たちのパートナーシップは、一三年間にわたって目覚ましい成果をあげた。なぜうまくいったのか？　主な理由としては、全員がミッション（組織の存在理由）に専心していたこと、価値観を目に見える形で実践したこと、ガバナンスとマネジメントを明確に切り分けたこと、「すべての少女が自らの可能性を最大限に開花させられるように、社会のなかで先導的な役割を果たす」というビジョンを組織全体で共有したこと、多様で包括的で効率的な未来組織をつくったことなどが挙げられる。これらを実現できたのは、サーキュラーマネジメントを導入した結果、古い階層型組織の壁が崩れ、チームワークが組織横断的に機能するようになったからだ。

ほかにも考えられる理由はいろいろあるが、とくに私たちがひんぱんに語り、実践し、組織全体に広めてきたのが、「ノーサプライズの掟」だ。これはどんな組織のリーダーにとっても、あるいは個人的な関係や家庭・職場においても重要な原則である。

三人の理事長のなかでも、ベティ・ピルスベリーはこの掟を私と同じくらい大切にしていた。新任の支部理事長や支部CEOを集めて、エディス・メイシー・カンファレンスセンターでセミナーを開くとき、私たちはいつも二脚のハイスツールに並んで座って、リーダーシップについて語り合ったものだ。

私とベティは、少女と若い女性のための世界最大の組織で、リーダーシップチームの一員として働くことがいかに名誉なことか、全員が力を合わせることでどれほど生産性が高まり、どれほど大きな成果が上がったか、さまざまな需要にどう応えてきたか、どのようにして活動の的を絞ってきたかを語った。私たちが職務分担やパートナーシップの構築に積極的に取り組んできたことは、参加者にもはっきりと伝わったと思う。

ベティとの対話は、たとえばこんなふうに進んだ。ベティが問う。「フランシス、私が理事会であなたを驚かせるようなことをしたり、言ったりしたことがある?」「いいえ、一度も」。

次に私が問う。「ベティ、私が理事会であなたを驚かせるようなことをしたり、言ったりしたことがある?」。「一度もないわ」。そして私たちはにっこりと微笑み、声を合わせて言う。「これがノーサプライズの掟よ!」

メンバーを参加させることも、関与させることも、巻きこむこともなく、いきなり「びっくりする知らせがあるぞ!」と言って完成品を押しつけるのは古いリーダーのやり方だ。ドラッカーは「過去のリーダーは告げ、未来のリーダーはたずねる。告げるのではなく、たずねよ」と言って私たちを戒めた。

「ノーサプライズの掟」を定めつつあったとき、私とベティはドラッカーの「告げるのではなく、たずねよ」という表現を知らなかった。もし知っていたなら、この強力なフレーズを採用していたことだろう。ガールスカウトの方針や行動には、気づかないうちに彼のコンセプトが取り入れられていることがよくあった。私たちは、ガバナンスの面でもマネジメントの面でも、「あなたの意見を聞かせて」は「私の言うことを聞きなさい」よりもはるかに効果的であることを発見した。

私は今も、この掟を守る努力をしている。信頼を築き、維持する方法として、これほど効果的なものはない。チームマネジメントを強化し、インクルージョンを促進し、敬意を育みたいなら、このメッセージを組織全体に広めるのが一番だ。そうすれば、全員が同じ姿勢でコミュニケーションをなすようになる。

「ガールスカウト米国連盟の変容」と呼ばれるものを私たちが達成できたのは、本部でも支部でも、理事会とスタッフが密接に連携したからだ。オープンであること、信頼を築くこと、ビジョンとミッションと価値観を共有することなしに、「ひとつの偉大な運動」を実現することはできない。インクルージョンと敬意は、「ノーサプライズの掟」を実践するための条件だった。

前章でも述べたように、ピーター・ドラッカーは初めてガールスカウトのニューヨーク本部を訪れたとき、別れ際にこう言った。「建物を見れば、その組織のことがよくわかる。この建物には、この組織の文化がはっきりと見てとれる」。もし文化を「組織が実践している信念および価値観」と定義するなら、私たちはあらゆる行動にガールスカウトの信念と価値観を織りこみ、あらゆる慣行を文書化することによって、繁栄する組織をつくりあげた。そしてその過程には「ノーサプライズの掟」が不可欠だった。

もし取締役就任を打診されたら

人々は次第に、不完全なリーダーや無関心な取締役会の失敗から苦い教訓を学びつつある。不審な財務慣行に気づかない（または関心がない）理事、給与や諸手当、ローンに無知な取締役、重大な質問をしない（または正しい決定を下すために必要な説明や追加情報を求めない）役員……その例は枚挙に暇がない。

官・民・非営利を問わず、昨今のリーダーは、組織の取締役に就任してほしいと頼まれた際には、事前にいくつかの問いを自らに投げかけるようになっている。

私はこれまでに、ガールスカウト米国連盟のCEOを一三年、ボランティア・オブ・アメリカの会長を六年、ドラッカー財団の会長と初代理事長を一〇年務め、さらにミューチュアル・オブ・アメリカ・ライフ・インシュアランス・カンパニー、ペンシルベニア・パワー・アンド・ライトでも取締役を務めてきた。その経験から、取締役（理事）への就任を依頼されたときには、首を縦に振る前にいくつかの重要な質問に答える必要があると学んだのだ。

重要な質問とは、次のようなものだ。

●**その組織のミッションは何か？**　この問いへの答えは、その組織の存在理由を教えてくれる。もしミッションステートメントがないなら、あるいはその答えが「なぜ」ではなく「何」に焦点を合わせたものなら（「私たちは○○をしています」など）、その組織とは決別しよう。

●**取締役会は未来に対して、どんなビジョンを描いているか？**　この質問には明快な答えが返ってくるべきだ。ビジョンのない組織と契約してはならない。ときには、すべての質問に答える前に契約書にサインしたくなるほど、魅力的なビジョンが返ってくることもあるが、そうでない場合は辞退すること。

●**会長と社長／CEOが建設的なパートナーシップを築いているか？**　取締役会は社長を、取締役会に従属する存在ではなく、パートナーと見なさなければならない。会長と社長は建設的なパートナーシップを築くことで、取締役会、スタッフ、組織に手本を示すことができる。

●**社長／CEOは、ガバナンスとマネジメントの明確な違いを理解し、遵守しているか？**　ガバナンスとマネジメントを分離することは決定的に重要だ。マネジメントチームは方針を定めようとするべきではないし、取締役会は組織を経営しようとするべきではない。

●**その組織は学習する組織か？**　取締役会とスタッフの両方にリーダーシップを継続的に学ぶ機会が与えられているかを確認すること。

●**取締役への就任を依頼されたときに、直近の監査報告書、年次財務報告書、年次報告書も提供されたか？**　そうでない場合は丁重に断ること。

●**取締役会の雰囲気はどうか？**　必要な資料はもれなく提供されているか、議論は活発か、何らかの行動を決定するときは、事前に重要な事実がすべて開示されているかを確認しよう。

●**取締役会は、ピーター・ドラッカーが助言したように、社長を「取締役会の蝶番《ちょうつがい》」と見なしているか？**　社長以外のマネジメントチームのメンバーは、取締役と個人的な関係を持つべきではない。そのような関係は権力の空洞を生みだし、取締役会の力を弱め、分裂を招く恐れがある。

●会社役員賠償責任保険は用意されているか？ 答えがノーなら、取締役を引き受けてはならない。

●組織は新しい取締役にどんな貢献を期待しているか？ 自分が参加することで取締役会に何をもたらせるかを考えよう。その組織がミッションを追求し、ゴールを達成し、未来組織になることに貢献できるだろうか。

柱となるのは「PPR」だ

以上のような質問に加えて、「PPR」をしっかりと理解し、真摯に実行することも欠かせない。PPRとは、計画（Planning）、方針（Policy）、再検討（Review）の頭文字をとったもので、どの組織でも取締役会が担っている三つの代表的な役割を指す。

計画：戦略的計画を立て、ミッションとゴールを定め、それらを環境分析の結果に基づいて二、三年おきに再検討する。これは取締役会の大事な仕事だ。取締役会が新しい動向をとらえ、それが組織の未来に及ぼす影響を理解する助けになるからだ。

方針：組織の方針を定めるのも取締役会だ。取締役会は、マネジメントチームが提案した目的や行動計画が、ミッションの追求とゴールの達成に確実に寄与するものとなるように、給与や諸手当などの報酬に関する方針や、パートナーシップや提携、合同事業にかかわる方針を定める。

再検討（監督）：この三つ目の重要な責任を果たすためには、マネジメントのすべての行動と報告（監査・財務報告書など）を精査し、理解し、承認する必要がある。組織のミッションやゴールとの整合性を確認したうえで新しい方向性を承認すること、社長／ＣＥＯの年次業績を評価すること（前年の業績評価と翌年の目標の承認）も欠かせない。

ガバナンスの責任を真剣に考えている取締役が、誠意をもってＰＰＲを実行していれば、キャリアが悲しい結末を迎えることも、多くの企業や組織が道を踏み外すこともなかったはずだ。取締役は人々の信頼と資金の管理人であり、重大な受託者責任を負っている。取締役への就任を依頼されたときは、このことを理解したうえで、責任ある市民として、その大いなる冒険に乗りだす可能性を検討してほしい。

取締役会とＣＥＯの理想的関係

幸い、現在メディアで報じられているような悪い事例とは別に、現実には、会長と社長、取締役会とマネジメントチームが強力なパートナーシップを築いている例がごまんとある。これらのパートナーシップは、倫理的で、責任ある基準や期待を満たしているばかりか、超えてすらいる。私の経験を二つ紹介しよう。

私は数年前に、ボランティア・オブ・アメリカ本部の理事会長に就任した。ボランティア・オブ・アメリカは、「思いやりに限界はない」というキャッチフレーズで知られる、米国でもっとも古いボランティア団体のひとつだ（当時で一〇七年の歴史があった）。ここでは、理事会に先立って、理事とマネジメントチームが半日をかけて重要な問題を話し合い、計画の立案や再検討に必要な情報を集める習慣があった。そのおかげで理事会は、自分たちの活動や自分たちが奉仕している人々に大きな影響を与える可能性のある動向や問題を、いち早くとらえることができた。

CEOのチャック・グールドと私は、模範的なパートナーシップの構築に努めた。ボランティア・オブ・アメリカがこれからも成長し、ミッションに忠実で、時代のニーズに応えられる組織でありつづけるためには、理事会、マネジメントチーム、現場の人々が、自らをパートナーと見なすこと、そして理事長とCEOが密接に連携することが欠かせなかったからだ。私たちは互いに深く信頼し、理解し、オープンで刺激的で生産的なパートナーシップを築いていった。このときも、「ノーサプライズの掟」がきわめて重要な役割を果たしたことは、言うまでもない。

こうした関係は、ミューチュアル・オブ・アメリカ・ライフ・インシュアランス・カンパニーで取締役を務めたときも同じだった。同社の会長兼CEOのトム・モランとマネジメントチームは、取締役会とマネジメントチームと同じくらい強力なパートナーシップを築いていた。この会社のマネジメントチームは、オープンさ、優秀な取締役会による積極的な関与、徹底した透明性、組織と社会の未来に対する刺激的なビジョンのお手本だ。

私は、これらのすばらしい組織から学んだ教訓を、あらゆる場所で活用している。どの教訓も理論からではなく、経験を共有し、深く関与し、徹底的に観察することで導きだされたものだ。いずれの教訓も、国民の信頼を裏切り、自分自身や従業員、株主、関係者を失望させた組織の悲劇の対極に位置している。

11 ドラッカー財団の志

　私たちは経済、社会、環境の面で非常に大きな課題に直面している。ソーシャルセクターは、その解決に向けて先導的な役割を果たしていているが、これらの課題が、ローカルであると同時にグローバルである以上、官・民セクターとの協力が欠かせない。三つのセクターのリーダーが、組織の壁を越えて働いて初めて、大きな成果を達成できるのだ。私は、その実現に向けてのチャレンジを助けていきたいと思っている。

　私がガールスカウト米国連盟に別れを告げたのは、一九九〇年一月三一日だった。退くタイミングとしては完璧だったと思う。米国連盟は七八年の歴史のなかで最高のメンバー数、最高の多様性、最高の結束を実現していた。それは、ミッションに焦点を合わせ、価値観に立脚した、ひとつの偉大な運動だった。メンバーの顔ぶれも、米国の人口構成と一致していた。少女の声にもしっかりと耳を傾けていた（ここには五歳の女児も含まれる）。

CEOとしての最後の年、私は仲間とともに周到に練った計画にしたがって、一年がかりでリーダーの交代を成し遂げた。あれは、私のキャリアのなかでも、とりわけ活力にあふれた一年だった。

いよいよガールスカウトを去るとき、私は三三五の支部のすべてのCEOに白鑞《ピューター》製の小さな箱を贈った。蓋の部分にはガールスカウトのロゴと日付、そして「信念を貫いてくれてありがとう。フランシス・ヘッセルバイン」というメッセージを刻んで。そのひとつが、今も私のオフィスの机に置かれている。この箱は、自らの存在と行動を通じてガールスカウトのミッションを体現し、少女とその親、コミュニティ、そして社会に対する信義を守ってくれた、すばらしい男女とのすばらしい旅の思い出だ。

財団誕生のいきさつ

ガールスカウトを辞めた日の翌朝、当時ミューチュアル・オブ・アメリカの会長だったウィリアム（ビル）・フリンから電話がかかってきた。「フランシス、いつきみのオフィスを見にくるんだい？」

私は驚いて言った。「ビル、オフィスなんてないわ。退職したばかりだもの」

「聞こえなかったのかい」とビルは言った。「きみのオフィスをいつ見にくるんだ、と言ったんだ」

そこで私は、当時五番街六六六番地にあったミューチュアル・オブ・アメリカの本社を訪れた。ビルは私を一九階へ案内すると、ドアに私の名前がついた立派なオフィスを見せてくれた。彼は言った。「きみがこれから何をするのか、われわれは知らない。でも何であれ、それはわが社のクライアントの役に立つはずだ。だからきみにはオフィスが必要だ。さあ、ここを使ってくれ。部屋の外には共同秘書もいる」。私は圧倒されつつ、感謝の言葉を伝えた。

それから六週間がすぎた三月半ば、テキサスのビュフォードテレビジョンを率いるボブ・ビュフォードと、ポイント・オブ・ライト財団の理事長でアメリカ赤十字の元総裁のディック・シューバート、そして私の三人は、ピーターの仕事と哲学を非営利組織に広め、適用する方法を話し合うためにクレアモントへ飛んだ（私たちはみな、それぞれのキャリアのなかでピーター・ドラッカーから多大な影響を受けていた）。

その日の午後から夜にかけて、私たちは部屋中にざら紙を広げて何時間も話し合った。そこから生まれたのが、お金ではなく知的資本を動力とする非営利組織にドラッカーの哲学を広める、「非営利組織経営のためのピーター・F・ドラッカー財団」というアイディアだった。翌朝、私たちはグリズウォルズ・インでの朝食にピーターを招いた。このアイディアを私たちの友人であり、インスピレーションの源である「現代経営学の父」に披露することにしたのだ。

朝食の席にやって来たピーターは、「この三人が集まって、いったい何をたくらんでいるんだ？」とでも言いたげな表情で、私たちを疑わしそうに見た。ボブとディックと私はざら紙を手に部屋中を飛びまわりながら、順々に新しいアイディアを披露していった。ピーターが何を考えているのかはわからなかった。

ようやくプレゼンが終わると、彼は顔を上げて言った。「私の名前は外してもらおう。まだ死んだわけではないし、イコンになるつもりもない」（これは彼が負けた唯一の戦いだった）。「焦点は私に置くべきじゃない。世の中にはすぐれた人々がたくさんいる。全員を巻きこむんだ」。早くも彼は私たちの視野を広げてくれた。

次にボブは、ディックと相談した結果、財団の会長にはフランシスが就任すべきだと思うと言った。実際、私はガールスカウトを辞めたばかりで、年に数回、理事会の会合に出席するだけの時間的余裕があった（私はペンシルベニアに家を買い、出版社にリーダーシップについての本を書く約束をしていた。旅行で飛び回る予定はなかった）。

ピーターは私を見て言った。「会長じゃない。きみは理事長兼ＣＥＯとして、この組織を運営していくんだ。そうでなければ成功はおぼつかないだろう」。ピーター・ドラッカーの言葉を拒める人間がいるだろうか。彼自身は名誉会長に就任した。

飛行機でニューヨークに戻った私は、ミューチュアル・オブ・アメリカへ行き、こう伝えた。「非営利組織経営のためのピーター・F・ドラッカー財団を設立したの。このオフィスを財団の仕事にも使っていいかしら?」。会長は即座に言った。「いいとも。もっと部屋が必要ならすぐに用意させよう」

こうして私は、少女と若い女性のための世界最大の組織を辞めた六週間後に、おそらくは世界最小の財団のCEOに就任した。この財団には資金もスタッフもなかった。しかし、オフィス(ミューチュアル・オブ・アメリカからの贈り物)、情熱的なビジョンとミッション、そしてピーターという支えがあった。ピーターは新しい理事会とスタッフを鼓舞し、彼らに質問を投げかけ、挑み、手に手を取って働いてくれた。

三月から九月にかけては、新しい財団の始動に向け、理事会と少数のスタッフからなる体制づくりに追われた。そして一九九〇年一〇月、ピーターがザ・インディペンデント・セクター(ジョン・W・ガードナーが創設した非営利組織のための全国規模の協議会)の年次会議で講演をした日に、私たちは記者会見を開き、非営利組織経営のためのピーター・F・ドラッカー財団の設立を正式に発表した。

このとき、ある記者が、この財団の最初の事業は何かとたずねた。すると、現代経営学の父は答えた。「組織のための自己評価ツールです」。初めて聞く話だったが、彼は私のほうを向くとこう言った。「フランシス、完成までどれくらいかね。二年？」。私は涼しい顔で答えた。「いえ、一年半もあれば十分でしょう」

過去と現在の実績を評価することなしに、前に進むための実行可能な戦略を立てることはできない。一九九〇年の非営利組織でもっとも必要とされていたのは、理事会やスタッフが自分自身を評価するための手法、マネジメントチームがミッションを再考し、活動の成果を評価し、戦略的計画を立てるための自己評価ツールだった。組織が自らの実績を正直に、かつ厳密に評価するのは勇気がいるが、ピーターは世界中の非営利組織のリーダーに、「リードする勇気を持て」と呼びかけていた（この自己評価ツールについては、のちほど詳述しよう）。

ピーターとの旅を言葉にあらわすなら、ひとつは「至福」だ。彼とともに書籍や会議、対談、ビデオなどに取り組んだ日々は、どの一日も忘れがたく、いつまでも大切にしたい思い出だ。しかし、ピーターがＣＥＯは私でなければならないと言ったことだけは気にかかっていた。

私は新しい財団が受け取っている、すばらしい贈り物の数々をながめた。ミューチュアル・オブ・アメリカが好意で使わせてくれている美しいオフィス、米国を代表する企業や非営利組織のリーダーたちが進んで参加してくれた理事会、偉大なリーダーたちからの執筆や講演の申し出。しかも全員がこの財団に寄付したいと言って、講演料や原稿料は受け取らなかった。続々と寄せられる寛大な支援や、この新しい事業にピーターが注いでいる時間とエネルギーを思うと、理事長兼CEOを務めるのはやぶさかでないとしても、CEOとしての給与を受け取るわけにはいかなかった。幸い、ガールスカウトからの退職年金があれば生活には困らない。私は、給与と講演料はすべてドラッカー財団に個人的に寄付することにした。

しかし、これはピーターにとっては大問題だったらしい。理事会のたびに彼は言った。「給与を受け取りなさい。絶対にだ」。私はこう答えた。「申し訳ないけど、理事長兼CEOを引き受けるなら、これは外せない条件なの」。ついにある日の理事会でピーターが言った。「給与を受け取らないのは不道徳だ。じつに不愉快だ」。私は言った。「結構よ、ピーター。あなたから『不道徳で不愉快だ』と言われたって、みんなに伝えておきますから」。ピーターは理事会の面々を見渡すと、こう言った。「この女性をどうしたものかね」

議論はここで終わった。それはピーターとすごした二〇年以上にわたる刺激的な日々のなかで、私が経験した唯一の対立だった。それは戦うべき戦いであり、私は勝たねばならなかった。その後一〇年にわたって財団のCEOを務めたが、その間に給与は一度も受け取っていない。そして二〇年にわたって、私の講演料はすべてこの財団に直接振り込まれている。

「才能を引きつける磁石」

財団の誕生からまもなく、二人しかいないスタッフがすばらしい仕事をしてくれていたころ、ひとりの男性が私を訪ねてきた。メトロポリタン・ライフ・インシュアランス・カンパニーを引退したばかりのエグゼクティブ、クラレンス・ピアソンだ。彼は自己紹介をすると、こう言った。「ジョン・クリードンが、あなたには助けが必要だと言うんです。そして私が手を挙げるべきだと」（前述したように、ジョン・クリードンはメットライフの社長だったときにガールスカウトの募金キャンペーンで委員長を務めてくれた）。

なんと、メットライフの元エグゼクティブが、私たちの財団で働きたいと申し出てくれたのだ。翌日、クラレンスは財団の副理事長に就任した。ドラッカー財団は、無給の理事長と副理事長、そして無償のオフィスを手にすることになった。

その後も、ボランティアたちは次々とやって来た。たとえば私たちは、ドラッカー財団が誕生した瞬間から、リーダー・トゥ・リーダー・インスティテュートに名前を変えた現在まで、ケン・キリシュナーという弁護士の世話になっているが、法務に関する彼のサービスも、私たちに与えられた贈り物だった。私のように口に出したりはしないが、彼は一九九〇年からずっと、無償で働いてくれている。

こうした寛大な心と精神こそ、この小さな財団を現在の場所にまで連れてきてくれたものだった。ジョン・W・ワーク三世、マレー・ドロップキン、マーシャル・ゴールドスミスといった長年の友人や助言者たちも、時間と専門知識を惜しみなく与えてくれた。

私たちはひとつの夢を共有していた。ピーターが私たちのリーダーだった。世界中から何百人、何千人という友人たちが、それぞれのやり方とタイミングで参加してくれた。私たちがピーターの生誕一〇〇年を、そして財団の二〇周年を祝うことができたのは、こうした支援のおかげだ。

最初は時間も、場所も、講演や論文の形で提供される知見も、すべてはピーターのインスピレーション、哲学、知恵を全国、そして全世界に届けるために、人々が自分なりの方法で無償で与えてくれたものだった。私たちのために書き、講演してくれたソートリーダーは四〇〇人を超える。特筆すべきは、こうした寛大な贈り物が今もつづいていることだ。二〇年もの長きにわたって、特定の個人にではなく、ピーターのビジョン、理事会とスタッフのビジョン、そしてソーシャルセクターを強化するというビジョンに対して、善意が与えられてきたのだ。

しかし、財団が受け取った寛大な贈り物のなかでも、ピーターの心と知性と思いやりほどすばらしいものはなかった。彼は私たちに「自分ではなく、他者について考える」ことを教えてくれた。

財団の設立から二〇年、リーダー・トゥ・リーダー・インスティテュートと名前を変えた今も、私たちはミューチュアル・オブ・アメリカのオフィスを無償で借りつづけている。組織の成長とともにオフィスのスペースも広くなっていった。同社が二世代、二〇年間にわたって与えてくれた、この欠くべからざる寛大なサポートは、企業の社会的責任のまたとない実例である。

「いつきみのオフィスを見にくるんだい」と言われたあの日から、二六冊目の本が出るまでの間に、いったいどれほどの時間が流れたことだろう。私はこの偉大な米国企業、高みを目指す旅の仲間に深く感謝している。

挑戦から生まれた財産

ドラッカー財団は、「リーダーシップとマネジメントに関する最高の知見を、ソーシャルセクターのリーダーと分かち合う」というシンプルな挑戦からはじまった。当初、財団のミッションは「ソーシャルセクターが高い成果をあげられるように導く」だったが、のちに表現を見直し、「ソーシャルセクターのリーダーシップを強化する」とした。

設立直後は、ドラッカー財団が相手にするのは米国の組織だけだと考えている人もいたが、ミッション志向の経営や、多様で柔軟な組織の構築は、どの国でも関心を引くテーマであることがすぐにわかった。一九九二年には、W・K・ケロッグ財団と協力して三四カ国から五四人の研究員を集め、「非政府組織経営に関するザルツブルグセミナー」を開いた。財団の活動範囲は今も、地理、文化、セクターの壁を越えて広がりつづけている。

そして一九九三年、私たちはピーターの仕事と英知を世界中に広めるための重要な一歩を踏み出した。「非営利組織が自問すべき、もっとも大切な五つの質問：ドラッカー財団の自己評価ツール」を発表したのだ。財団設立時の記者会見、ドラッカーが私を驚かせた例のプロジェクトだ。この自己評価ツールは、あらゆる組織が自問すべきもっとも大切な質問として、次の五つを掲げている。

①われわれのミッションは何か
②われわれの顧客は誰か
③顧客にとっての価値は何か
④われわれにとっての成果は何か
⑤われわれの計画は何か

五つの質問は、民間企業や政府組織にも適用できる。国境にもとらわれない。この自己評価ツールはまたたく間にユーザーを広げ、米国から遠く離れた国々でも利用されるようになった。たとえばアルゼンチンのブエノスアイレスでは、コミュニティ財団のコンプロミソが、コカ・コーラからの多額の助成金をもとに、これを使って国内の公立学校の自己評価に取り組んだ。

この「スクール・フォー・チェンジ」プログラムに参加したある人物は、次のように報告している。「当初の期待とは異なり、このプログラムは金もモノもくれなかったが、はるかに貴重なものを与えてくれた。それは、金やモノを自力で獲得するノウハウだ」

このツールを開発したときに私たちが想定していたのは、米国の非営利組織であって、アルゼンチンの公立学校や政府機関ではなかった。しかしコンプロミソは、これをまず自分たちのためにスペイン語に翻訳し、次にラテンアメリカ中の組織に公開した。今日では世界中のリーダーがこの自己評価ツールの第三版を利用している（現在の名称は「ピーター・ドラッカーのもっとも大切な五つの質問」）。

ピーターは一九九三年、財団の名誉会長として、リーダー・トゥ・リーダー誌の創刊号に巻頭論文を寄せた。この号には、ジム・コリンズやジョン・W・ガードナー、スティーブ・カー、ロザベス・モス・カンターらの論文も掲載された。ピーターの論文の題名は「未来の姿」だった。彼の書く文章の例にもれず、この論文も執筆当時と変わらぬ力と価値を今も維持している。

この年には、財団の最初の書籍、『未来組織のリーダー』（ダイヤモンド社）も出版された。マーシャル・ゴールドスミス、リチャード・ベックハード、そして私が編集を手がけた本書はベストセラーとなり、すぐに続編となる『企業の未来像』（トッパン）、『未来社会への変革』

（フォレスト出版）が出版された。どの本も幅広い層の敏感な読者を獲得した。その後も、多数の本が刊行された。

二〇〇〇年一月一二日、ニューヨーク・タイムズ紙はビジネス面のトップで私たちを取り上げた。この記事にはピーターと私の写真とともに、「大金を使わずに偉大なことを考える」という見出しがついていた。記事のなかで、記者のフレッド・アンドリュースはこう書いている。

「かつて辛口エッセイストのドワイト・マクドナルドは、フォード財団を〝分け前を狙う人間に取り囲まれたカネの山〟と表現した。しかし、非営利組織経営のためのピーター・F・ドラッカー財団には、金はほとんどない。あるのは、求めるなら誰でもくみ上げることのできる、マネジメントの英知のプールだ」

「全員を巻きこむ」というピーターの見通しは、二〇年にわたって正しかったことが証明されている。私たちのために書き、話し、海を越えたソートリーダーの数は四〇〇人を超える。これまでに刊行された本は三〇カ国語で二六冊に達し、最新刊となる *The Leader of the Future 2* が出版されたときには、すぐに韓国、ベトナム、インドネシア、中国から版権取得の申し出があった。すべては、あの三月の日、カリフォルニア州クレアモントのグリズウォルズ・インの小さな部屋からはじまったのだ。

ピーターは私たちの夢を広げてくれた――私たちが壁を乗り越え、全国で、全世界で活動できるように、自らの人生とメッセージの力で私たちを導いてくれた。私はスピーチをするとき、いつも彼の言葉を引用するようにしている。国内では週に二回、さらに年に三回は外国で、さまざまな組織のリーダーに向けて話をしているが、彼の言葉はいつも聴衆に強い印象を残す。

本人の承諾を得て「リーダー・トゥ・リーダー・インスティテュート」と改名したのは、ピーターの健康にかげりが見えてきたときのことだ。彼の名前を家族に返すことが彼に敬意を表するもっともよい方法だと考えたからだ。ただし、財団のミッションと彼の見事な人生、仕事、哲学を世界に広めるというビジョンは変わっていない。

財団名の変更からほどなくして、ピーターは次のように書いている。「リーダー・トゥ・リーダー・インスティテュートが無事始動したことをうれしく思う。その前身であるドラッカー財団を一二年前にはじめたとき、私たちが意図していたのはリーダーシップ、マネジメント、イノベーションなどの重要分野で、ソーシャルセクターに助言できる組織をつくることだった。目標の多くは達成された。ここからは、新しいインスティテュートとともに前進するときだ」

私たちが奉仕しているソーシャルセクターと同様に、リーダー・トゥ・リーダー・インスティテュートもボランティアの力を借りてミッションを追求している。何より幸運なのは、私たちがソーシャルセクターに変化をもたらせるように、大勢の寛大なパートナー、同僚、友人たちが力を貸してくれていることだ。

ピーターの精神は今も生きつづけている。リーダー・トゥ・リーダー・インスティテュートとこの組織につらなるすべての人々は、これからもピーターの光を灯していくことだろう。

12

世界中の賢者と出会う

かつて米国海軍に、「海軍に入隊して世界を見よう!」というスローガンがあった。私は入隊しなかったが、代わりにガールスカウトが世界を見る最初のチャンスを与えてくれた。前述したように、私が初めて外国を訪れたのは米国連盟CEOに就任するはるか前、ボランティアのスタッフとして米国連盟理事を務めていた一九六〇年代のことだった。

米国連盟理事を務めていた時期には、私はもうひとりの米国人女性とともに、ガールガイド・ガールスカウト世界連盟アワシャレー委員会の委員も務めていた。この委員会の会合は、毎年二月と九月にスイスのアデルボーデンで開かれた。アルプス山中に建つアワシャレーは、スイスの伝統的な建築様式を採用した壮麗な別荘で、世界中から少女や若い女性たちが集い、友好的な雰囲気のなかで理解を深められるようになっていた。設計したのはボストンの女性建築家、ブランシュ・ストローだ。彼女はボストンで活躍したフィランソロピストだが、世界中の何世代ものガールスカウトたちの間では、アルプスに抱かれた美しいカンファレンスセンターをつくった人物として記憶されている。ガールスカウトたちは友愛精神のもとにこの地に集い、生涯の財産となる学習経験を得て母国に帰っていく。これまでに二〇〇カ国以上の少女たちがセンターを訪れ、貴重な経験をした。

ガールスカウト時代、ドラッカー財団時代、リーダー・トゥ・リーダー・インスティテュート時代に、私が講演のため、あるいは米国代表として訪れた国は、英国、ギリシャ、ケニア、南アフリカ、イラン、フィリピン、韓国、中国、オーストラリア、ニュージーランドなど六八カ国に及ぶ。どの国でも、私は共通の価値観、共通のビジョン、共通の言葉（必要な場合は翻訳を介して）が持つ力を再確認させられた。健康な子ども、強い家族、よい学校、安全な地域社会、きちんとした住居、まっとうな仕事といったビジョンを共有できれば、分裂を招くさまざまな問題は消え去り、遠くでかすかに光っている明るい未来に向かって、全員が足並みをそろえて歩んでいけるようになる。これらのビジョンはすべての子ども、すべての構成員を大切にしているコミュニティなら必ず重視しているものだ。

最近は、どの国でも、会議は驚くほどオープンだ。シェブロン・テキサコ・マネジメント・インスティテュートの会議しかり、全国都市同盟（ＮＵＬ）の会議しかり。同じことは国家安全保障に関するアイゼンハワーカンファレンス、グッドウィルインダストリーズ、ブライトチャイナ、ニュージーランドのロイヤルプランケット協会、米国の大学の学長とそのチーム、オーストリアのザルツブルグセミナー、ギリシャ人やトルコ系キプロス人のティーンエージャーたちとの会議にも言える。

私はこれらの会議で、参加者たちと過ごす時間を大切にしている。年齢、伝統、専門分野、セクター、歴史、経験は違っても、全員が現代の課題と向き合い、まだ見ぬ未来に思いを馳せ、リーダーシップとサービスを新たなレベルに引き上げようと奮闘している。

今、時代は思慮に富んだリーダーを切実に求めている。社会や文化の変化、断絶、混乱、価値観、起業家精神、戦略的思考、そしてリーダーシップに関する緊急課題が、さまざまな質問を生み出し、議論を活性化している。どの組織でも、リーダーたちは過去に類を見ないほど移り気で変化の激しい時代に対処する方法を模索している。彼らは自分たちが難題に直面していること、しかもそうした難題は増えつづけていることを知っている。

最近の難題のなかには、セクター横断的な対話を迫るものもある。たとえば金科玉条に挑む、つまり従来のやり方を変えるにはどうすればいいのか？　リソースが減っているなかで、高まるニーズに応えていくにはどうすればいいのか？　現場と本部の溝を埋めるにはどうすればいいのか？　伝統的な階層型の企業でも分散型のリーダーシップは実現できるのか？　平等なアクセスを実現するにはどうすればいいのか？　混乱期には、答えよりも何を問うかのほうが重要になる。

愛と信頼と平和を分かち合う

最近、出張先で経験したことを二つ紹介しよう。

あなたは、雪をかぶった巨大な山の頂《いただき》を飛び越え、ヤシの木と美しい海岸の近くに降り立ったことがあるだろうか。私はある。しかも、そう昔の話ではない。あれはニューヨークからサンフランシスコ経由でニュージーランドのオークランドに向かい、そこから南島にあるダニーデンを訪れたときのことだ。

この旅には、多くの友人や同僚が「荷物持ち」として同行したがった。それは単にニュージーランドが『ロード・オブ・ザ・リング』の撮影地だったからではない。米国では、「四〇〇万人の人間と六四〇〇万頭の羊」が暮らす、この環境保護に熱心な小国が大きな関心を集めているからだ。人々は口々に、「地下から汲み上げた水をそのまま飲めるのよ」と言った。空気が澄み、環境保護が国民の義務と見なされている国。米国民にとっては、先住民に対する敬意とインクルージョンのすばらしいお手本でもある。しかし、ニュージーランドの人々の歓迎と会議の充実ぶりは、島の自然のすばらしさをさらに上回るものだった。この一〇日間のできごとは生涯忘れないだろう。

私はこのとき、フルブライト・ニュージーランド・ジョン・F・ケネディ記念フェローシップを贈られる初の女性として、また一五人目の米国人リーダーとして、この国を訪れていた。このフェローシップは、ケネディ大統領の暗殺後に、彼に敬意を表して創設された。フルブライトニュージーランドが運営し、授賞式は米国大使館で行われる。数年ごとに米国人リーダー一名がジョンF・ケネディ・フェローに選ばれ、選ばれた者はニュージーランドを訪れて、同国のさまざまなグループを対象に、リーダーシップやボランタリズムについて講演するのだ。

私はまず、ダニーデンで開かれたロイヤルプランケット協会〔訳注：母子の健康を目的として設立された組織〕の一〇〇周年記念行事に出席し、約一五〇〇人の聴衆を前に「未来のリーダー：リーダーシップの緊急課題」というテーマで話をした。ロイヤルプランケット協会の看護師たちは一〇〇年にわたって、「すべての赤ちゃんがすこやかなスタートを切る」ことができるように、新生児とその母親を戸別訪問している。その数は、今やニュージーランドの新生児の九二%をカバーするほどだ（ニュージーランドに向かう飛行機のなかで、ある客室乗務員が私に、ニュージーランドには何をしに行くのかとたずねた。まずはダニーデンを訪れ、ロイヤルプランケット協会で講演する予定だと答えると、客室乗務員全員が誇らしげに「私はプランケットベビーです」と言った）。もし、すべての新生児とその母親が看護師の訪問を受け、必要なケアと物資を確保できたなら、世界はどれほど変わることだろう。

　私の講演がはじまる前には、二人のマオリ族のリーダーが開会を宣言した。精霊を呼びだし、その場を祝福してもらうというじつに感動的なものだった。どの集会でも開会を宣言するのはマオリ族のリーダーの役割で、彼女たちはイベントには欠かせない存在だった。

　ニュージーランドとマオリ族は、架け橋を築き、あらゆる関係者を巻きこみ、すべての人が尊重される社会を目指してきたガールスカウトの活動の意義を再確認させてくれた。また、〝スピリチュアル〟な経験も与えてくれた。私は、マオリその他の少数民族が国民生活に建設的な形で溶けこんでいるに感動し、深い感銘を受けた。

　ニュージーランドでは、どの講演でもケネディ大統領の就任演説の一節を引用した（講演は日に何度もあった）。「だからこそ同胞であるアメリカ市民のみなさん、この国があなたのために何をできるかではなく、この国のためにあなたが何をできるかを考えてください」というくだりだ。忘れられがちだが、このメッセージにはつづきがある。「そして同胞である世界市民のみなさん、アメリカがあなたのために何をしてくれるかではなく、人類の自由のために、ともに何ができるかを考えてください」。ロイヤルプランケット協会では、あらゆるレベルにあらゆる関係者を参加させることで、多様で包括的で結束力のある組織をつくる必要性を力説した。それ以外に、組織が五年後あるいは一〇年後に成長力、重要性、もっと言うなら存在そのものを維持している方法はないからだ。

講演が終わると、数千人の聴衆が大きな拍手を送ってくれた。拍手がやみ、人々が会場から出ていきはじめると、私はステージから降り、私の世話係を務めてくれていたリンのところへ行った。すると彼女が、「マオリの女性たちがお目にかかりたいそうです」と言う。リーダーシップの緊急課題を語るときはつい言葉に熱がこもるが、その私の熱弁がプランケット協会のマオリ代表理事として会場に来ていた五人のマオリ女性たちの心をとらえたらしい。

請われるまま、マオリの女性たちが半円を描いて立っているところへ行くと、その場でマオリの儀式がはじまった。儀式に関する知識はなかったが、すべきことは本能的にわかった。ひとりの女性が私の両手をとり、鼻で軽く私の鼻に触れた。私たちは見つめ合い、互いの魂がつながるのを待った（と私は解釈した）。二人の魂がつながったところで、次のマオリのリーダーの前へ移動した。そして彼女の両手をしっかりと握り、互いの鼻と鼻を合わせ、目と目でコミュニケーションをとった。この歓迎のあいさつを全員と交わし、私は彼女たちの一員になった。六人の女は手を取り合って円をつくり、古くから伝わるマオリの歌「テ・アロハ・テ・ファカポノ・メ・テ・ランギマリエ（愛、信頼、平和をわれらに）」を三つのパートに分かれて歌った。

珍しい聖なるマオリの儀式が行われていると聞いて、一部の聴衆が会場に戻り、私たちの背後にそっと立った。マオリの女性たちが「愛」の最初の節を歌うと、全員がコーラスに加わり、マオリ語で歌った。つづいてマオリの女性たちは、聖なる緑の石（マオリ語でポウナムと呼ばれる翡翠《ひすい》）がついたひもを私の首にかけた。その石は半分が深緑色、もう半分が黄緑色だった。ひとりの女性が黄緑色のほうを指して「これがあなた」、濃い色のほうを指して「これが私たち」と言った。翡翠はマオリ族の間では宝物と見なされている。この儀式は私だけでなく、その場を目撃したすべての人に深い印象を与えた。

その後、二〇〇九年にピッツバーグ大学ヘッセルバイン・グローバル・アカデミー・サミットで、私が学生たちにこのときのことを話すと、一人の若い学生が歩み出た。そして私の首に黒い木のビーズでできたレイをかけてくれた。ハワイ出身だというこの女性は、感極まった様子で「私の母はマオリです」と言った。その頬にははらはらと涙がつたっていた。

サミット後に学生たちが送ってくれた手紙の多くは、「愛、信頼、平和をわれらに」という言葉で結ばれていた。私はまたも、胸を打たれた。

中国の底力を知る

光栄にも、私は今カリフォルニア大学サンディエゴ校の国際関係・太平洋研究大学院で理事を務めている。以前、同校を訪れたとき、私は会議室の壁に掲げられている深遠なメッセージに気づいた。「地中海は過去の海、大西洋は現在の海、太平洋は未来の海」。一八九八年に国務長官のジョン・ジェイが残した言葉だった。今から一〇〇年も前だ。ジョン・ジェイがいかにたぐいまれな先見の明の持ち主だったかがわかる。

私はまた、すぐれた中国人フィロンソロピストにして企業家、教育者であるシャオ・ミン・ローが立ち上げた新しい財団、ブライトチャイナ・ソーシャル・ファンドにも、三人の米国人理事のひとりとして参加している。

シャオは中国にあるブライトチャイナ・ホールディングとピーター・F・ドラッカー・アカデミー、それにブライトチャイナ財団の創設者兼会長だ。ブライトチャイナ財団は、中国の北西部と南西部に学校を建設し、運営費用も寄付することで、三〇〇〇人を超える極貧農家の子どもたちに教育を受ける機会を提供してきた。ブライトチャイナ・マネジメント・インスティテュートを設立したのは一九九九年。かつてクレアモントでピーター・ドラッカーから直接学んだ彼の夢は、中国のエグゼクティブと起業家に、マネジメントに関する世界最高の知見を提供することだった。

そして二〇〇〇年、私は彼の招きで初めて中国を訪れた。講演のために北京と深圳《しんせん》へ行く予定だったが、このとき、三人のリーダーが同行した。この三人、すなわちケネス・キルシュナー（その分野では米国でも五本指に入る弁護士）、リチャード・チェッカ（弁護士で東洋文化の研究者。当時はミューチュアル・オブ・アメリカの投資部門であるキャピタル・マネジメントの社長)、イアン・サマービル（当時はアクセンチュアの国際問題・戦略コンサルタント）が、自費でよいので参加させてほしいと言ってきて、シャオが快諾してくれたからだ。彼らは忙しいスケジュールのなかから一週間をひねりだし、手弁当で私とともに北京、深圳、東莞《とうかん》を訪れ、現地の聴衆と熱心に交流した。

私たちを乗せた飛行機が早朝の北京に降り立ったときは、最高の気分だった。ブライトチャイナの人々が私たちを温かく迎えてくれた。初日は休息にあてる予定だったが、大勢の人が私たちの話を聞きたがっているということで計画を変更し、その日を唯一の観光日とすることにした。さて、大学に行くか、それとも万里の長城を見に行くか？　私たちは万里の長城を選んだ。それは、刺激に満ちたすばらしい学びの冒険のはじまりだった。この日、万里の長城を登りながら写した写真は、私のお気に入りだ。

実を言うと、私は数カ月前に両脚の股関節を人工関節に置き換える手術を受けていた。それを知ったシャオは心配したが、私は人工関節の調子は上々なので心配はいらないと請け合った。北京ですごした最初の三日間は、二人のすばらしい助手がずっと付き添ってくれた。ひとりはリン、もうひとりは英語をほとんど話さない紳士だ。彼は私の書類かばんを持つといって聞かなかった。ハンドバッグはリンが持ってくれた。この紳士は片時も私たちのそばを離れなかったので、私はリンに彼の素性をたずねた。リンは「ああ、彼は病院で働いているんです」とあいまいに答えた。二人は朝食の時間にあらわれ、どこに行くときもそばにいてくれた（私は日に三つの講演をこなし、取材や対談でスケジュールはいっぱいだった）。夜はホテルまで送り届けてくれた。まる三日にわたり、これほど行き届いた世話を受けたことはない。

北京での最終日、私は二人の友に別れのあいさつをし、感謝の言葉を伝えた。すると紳士がぎこちない英語で言った。「あなたの話、聞きました。あなた、すばらしい女性のリーダーです。あなたに、これ、差し上げます」。そして「古代中国の音楽」と題されたCDを私に手渡してくれた。

後日、私はあらためてリンに「あの親切な男性は誰なの?」とたずねた。今度は彼女も答えてくれた。「中国でも指折りの外科医です。シャオ会長の指示で同行していただきました。三日の間に、あなたに何かあっては大変ですから」。シャオとこの外科医が、人工関節を入れていることすら認めようとしない人間に示してくれた思いやりを思うと、今でも胸がいっぱいになる。

次に私たちが訪れたのは、香港にほど近い南部の深圳だった。私はこの地でも多くのスピーチをこなし、テレビや新聞の取材を受けた。人々の質問はどれも的確で鋭かった。

天の導きと思うような出会いもあった。あるスピーチのあと、ひと組の男女が私のところへやって来た。二人は自己紹介をすると、感謝の言葉を述べて言った。「これは娘のリン・ヨウチェンです。娘のメンターになってくださいませんか」。父親は深圳市役所の弁護士、母親は新聞の仕事をしていて、娘のヨウチェンは大学進学を控えているという。私は答えた。「光栄なお話ですね。Eメールで相談しましょう」。私たちはしばらく話をしてから別れた。

それから六カ月がすぎたころ、電話が鳴った。「こんにちは。リン・ヨウチェンです。今スタテンアイランドの学校に通っています。ご指導いただく準備ができました」。二〇〇九年六月、ヨウチェンはニューヨーク大学から金融学の修士号を得た。私たちのメンター関係は今もつづいている。

彼女に会うために、両親のベンシュウとイクシンがニューヨークへ来たときは、週末に三人をペンシルベニア州イーストンのわが家に招いた。ジョージ・ワシントンとジョン・アダムスが立ち寄ったというバックマン酒場のある、この植民地時代の面影を残す小さな町は、深圳が私たちを歓迎してくれたように、リン一家を温かく迎えた。

話を戻そう。中国旅行の最終日は東莞だった。私はできたばかりの美しいホールで九〇〇人の聴衆（企業や政府のリーダー、大学生など）を前に話をした。これほど温かく、これほど熱心な聴衆に迎えられたことはない。会場もすばらしかった。ステージ上には大きなポスターや張り紙の代わりに、床から天井まで届く幅広の青いサテンパネルが二枚張られていた。一枚には「サーキュラーマネジメント」の図が、ステージの反対側のパネルには「変容への旅」の図が描かれていた。どちらも私のスピーチ資料だ。

話が終わると、東莞の知事が私の横に来て、サーキュラーマネジメントの図を指して言った。「〝円〟の概念を中国に紹介してくださったことに感謝します。中国では古代から、円は価値あるものと見なされていました。それは現代の中国でも変わりません」。かつて、私が組織から人々を箱に押しこめる古い階層構造と哲学を追放し、フラットで柔軟な〝丸い世界《サーキュラー》でのマネジメント〟をはじめたときには、いずれ自分が中国で、同じ旅を行く人々の前に立つ日が来るとは思ってもいなかった。

二〇〇九年秋、私はふたたびシャオに招かれて中国を訪れた。このときは、ドラッカーの生誕一〇〇年を祝う記念行事に参加するのが目的だった。まずは式典で話をし、つづいて「ドラッカーと私」、「リーダーシップの緊急課題」という題で講演をした（この題は彼らのリクエストだった）。さらに二つのマスコミ向けイベントにも出席した。どこに行っても聴衆（学生、教授陣、ビジネスリーダー、フィランソロピスト、哲学者、地域住民、組織のリーダー）は驚くほど温かく、驚くほど熱心だった。そして全員が現代経営学の父、ピーター・ドラッカーの一〇〇回目の誕生日をあふれんばかりの愛と感謝の心で祝っていた。

前回の訪問から今回までの間に、中国の風景は大いに様変わりしていた。町にはビルやさまざまな建物、小売店が立ち並び、経済は見るからに繁栄していた。しかし中国の人々の礼儀正しさ、感謝の心、温かい反応に変わりはなかった。

驚いたのは、私が彼らや彼らの社会に「敬意」を表したことに対して、多くの参加者から礼を言われたことだ。吉林《きつりん》大学から来た男性はこんな手紙をくれた。「北京と南昌《なんしょう》で開かれたドラッカー生誕一〇〇年フォーラムでお会いできたことを、とてもうれしく思います。感動的なすばらしい講義を本当にありがとうございました。あなたが中国の国民に示してくださった真の敬意に心から感謝します。あなたがくださった贈り物を、私たちは決して忘れないでしょう」。彼らは何度も敬意に言及し、それが彼らにとっていかに大切かを語った。

シャオは、中国の四つの都市でドラッカー生誕一〇〇年行事を企画していた。私は北京から、翌日には南昌に行き、記念フォーラムで話をした。次は上海に移動し、チャイナ・エグゼクティブ・リーダーシップ・アカデミーで基調講演を行った。ここでも人々の愛情、熱意、そしてピーター・ドラッカーの人生と仕事を未来のリーダーに語り継ぐ決意は変わらなかった。そこからさらに香港に飛び、現地のドラッカーフォーラムでリーダーシップについて語った。ここでは、ブライトチャイナ・グループの創設者であるシャオ・ミン・ローから、チャイナ・ドラッカー・フェロー・アワードの第一号を受け取った。授与式は感動的で、親しみに満ちていて、心ゆさぶられるものだった。私は初の受賞者に選ばれた重みをしっかりと受け止めていた。

中国を代表するフィランソロピストとすごしたひとときは、私の大切な思い出であると同時に、企業の社会的責任のまたとない実例ともなった。

大局的に自分を見る

ありがたいことに、私はどこに行こうと、どの国にいようと、違和感を覚えることがない。どこにいても、ここそこ自分が今いるべき場所だと感じることができる。たとえ、そこが手のつけられないほど混乱していたとしても、だ。

たとえば私は以前、イランのシャー（皇帝）が亡命をはかる直前のイランにいあわせたことがある。ガールガイド・ガールスカウト世界大会に参加するためだったが、市内には戒厳令が敷かれ、反政府デモが一日中つづいていた。私たちはホテルではなく、テヘランと空港の中間地点にあるオリンピック村に滞在した。軍のトラックがひと晩中、村の周囲を走っているような状況だったが、世界大会を主催するイラン・ガールガイドの少女とリーダーたちは、私たちを温かくもてなしてくれた。会議の間中ずっと私たちを助けてくれたイランの若いガールガイドたち、そして私たちを心から歓迎し、政府が倒れる前に私たちが最後のパンナム機で出国できるよう手を尽くしてくれたガールガイドの成人メンバーたち。彼女たちのことは一生忘れることができない。

私が最後に参加したガールガイド・ガールスカウト世界大会の開催地は、ケニアだった。会場はナイロビではなく、都市部から遠く離れた奥地だったが、私たちはそこでも手厚いもてなしを受けた。

会議が終わると、六人の米国代表団は熱気球でセレンゲティ国立公園の上空を飛んだ。地上二五〇メートルほどの高さから平原を見下ろすと、何千頭ものヌーが地平線いっぱいに黒く長い線を描いて移動していくのが見えた。しばらくすると、私たちが見ている前で、若い雌ライオンが一頭の小さなヌーを追いはじめた。しかし、まさに飛びかからんというとき、雌ライオンはふいに動きをとめて座りこんだ。私たちは歓声を上げ、こう推理した。彼女は雌の務めとしてパートナーの食料を探していたが、最後の瞬間に考えをあらためたにちがいない。「もうたくさん。自分の食べ物は自分で見つけてもらわなくちゃ」

冗談はさておき、あれは過去に経験したどんなこととも違う、じつに強烈な経験だった。新しい角度から世界を眺めると、自分を大局的にとらえることができる。それが旅の醍醐味だ。すべての出会いは、すべての人に対する敬意の輪を広げてくれる。

♈

これまでに訪れた六八の国々から、私は大きな影響を受けつづけてきた。どの国でも嫌な目にあったことは一度もない。「世界中から届く招待状のなかから、どこを訪れるかをどうやって決めるのか」とよくたずねられるが、私の返事はいつも同じだ。「彼ら（その組織）は変化を起こしているかと自らに問うのです」。その答えがイエスなら、さらにこう問う。「私が行くことで変化を起こせるか」。その答えもイエスなら行く。ひとつでもノーがあるなら家にとどまる。

重要なのは、人生を変えられるか否かだ。

第III部

今いるところからはじめよう

13

奉仕することは生きること

多くの米国人にとって、ジョン・W・ガードナーはヒーローだ。彼は六人の大統領に仕え、保健教育福祉長官など、さまざまなリーダー職を歴任した。コモンコーズを創設し、インディペンデントセクターの立ち上げにたずさわり、『優秀性』（理想社）、『自己革新〔新訳〕』（英治出版）、『リーダーシップの本質』（ダイヤモンド社）など説得力にあふれた本を何冊も著した。

ガードナーの人生と言葉は、私たちの生き方に大きな影響を与えた。その彼が、亡くなる直前に行われた最後のスピーチで、力強い言葉で私たちに奉仕することを求めている。「私はこの国のいたるところで、きわめて有能でありながら、自分の地域社会の福祉のことなど考えたこともないという人々に出会う。そのたびに私は首をかしげざるをえない。いったい誰が彼らに傍観者でいることを許したのか、と。どうかみなさん、このような人々を目覚めさせてほしい。その耳元で高らかにラッパを吹きならしてほしい。そしてこう伝えてもらいたい。この国は、市民だけが解決しうる問題を無視し、無関心という安全地帯に逃げこむことによって、死することになるかもしれないのだと。どうか、そう伝えてほしい」

ガードナーはもう亡くなったが、彼の生きざまとメッセージは今も私たちの時代の暗やみを照らしつづけている。行動を促す彼の声が、今ほど切迫した響きを帯びていたことはない。

私は長年、国内外の何千人ものリーダーと話をし、ともに働き、彼らから学んできたが「無関心という安全地帯」に逃げこんでいる人は、ひとりもいなかった。誰もが、自分なりの方法で社会や人間の課題に取り組み、「地域社会の福祉」のためにできることをしていた。

その格好の例が「クレヨンズ・トゥ・コンピューターズ」だ。シンシナティの多くの教師は、学用品の購入費用を個人的に捻出している。そんな状況を改善しようとひとりの女性が立ち上がり、実現させたのがこのプログラムだ。オハイオ州では今、二三の刑務所がこれに参加し、受刑者たちが寄付された紙やフェルトを使って学用品をつくっている（単語帳、日記帳、地図、通学かばん、各種の教材や賞品など）。これまでに参加した受刑者は六五〇〇人以上。七五万時間をかけて、リサイクル材料から二八〇万ドル相当の学用品を生みだした。こうした活動は受刑者の時間を有意義な目的に活かす。それだけではない。一部の実刑判決に付与されている社会奉仕活動の要件も満たしている。

思えばすべてのはじまりは、ひとりの女性が「教師と生徒には必要な学用品が与えられてしかるべきだ」と確信したことだった。彼女は意外なパートナー（企業のリーダー、刑務所長、囚人）の力を結集し、何千人もの生徒たちの人生を豊かにした。しかしクレヨンズ・トゥ・コンピューターズは、「市民だけが解決しうる問題」に対する取り組みのほんの一例にすぎない。

もうひとつ、私の身近な例を紹介しよう。以前、ミネソタ州ミネアポリスで、二二八人のイスラム教徒の少女たちが地域のガールスカウト団に入団したことがある。現地のガールスカウト支部と地域団体が連携した結果だった。二〇〇七年一一月二八日付のニューヨーク・タイムズ紙は、この一件を「イスラム教徒の少女が地域に溶けこむ機会を、ガールスカウトが提供」という見出しで伝えている。「民族衣装に身を包んだイスラム教徒の少女たちは、文化の主流から排除されていると感じているかもしれない。しかし、スカウト活動が両者の間に橋をかけようとしている」

「要するに、スカウト活動は〝何かに属している〟という貴重な感覚を少女たちに与えているのだ、と団のリーダーやメンバーは言う」と記事は伝え、一二歳のアスマの言葉を引用している。「〝私はガールスカウトです〟と言えるのは、いい気分です。自分もほかのアメリカ人の仲間なんだと思えるから……私は社会の一員になりたい。ほかの女の子たちと同じように、〝私はガールスカウトです〟と言えることがうれしいんです」

一九一二年にガールスカウト米国連盟を立ち上げたジュリエット・ローは、ミネソタに住むイスラム教徒の少女たちが、頭を覆うスカーフとロングスカートの上からガールスカウトの技能帯を着けて登校する姿など想像もしていなかっただろう。ジュリエット・ローとガールスカウトの何百万人ものリーダーたちは、一〇〇年近くにわたってインクルージョンと多様性を推進してきた。タイムズ紙が伝えているように、インクルージョンとすべての少女に奉仕することへの情熱は、今もガールスカウトのすみずみにまで広がっている。ミネソタでは、ガールスカウトとイスラム組織のリーダーが歩み寄り、力を合わせて橋をかけた結果、少女たちの人生が変わり、地域社会そのものが強化されたのだ。

ガールスカウト活動の肝は、価値観にある。米国連盟の設立趣意書は、古めかしく形式張った言葉で、この組織の目的を「新しい世代を鼓舞し、真に理想的な人格、愛国心、行動、達成へと駆り立てること」とした。現在はもっとシンプルに、「ガールスカウティングは、勇気と自信とすぐれた人格をそなえ、世界をよりよい場所にする少女を育てます」と定義されている。

ベトナム戦争後に米国に移住したモン族の少女だろうと、ミネソタで暮らす現代のイスラム家庭の子どもたちだろうと、ガールスカウトのボランティアとスタッフにとって、学校や地域の組織と連携することは長年の習慣であり、あたりまえのことだ。彼女たちは一度もラッパの音を必要としたことはなく、「無関心という安全地帯」に逃げこんだこともない。

民主主義の二本柱

では、私たちは地域社会、リーダー、家族をどう結集させているのだろうか。健康な子ども、健全なコミュニティや社会は、誰もが気にかけているテーマだ。私はかねてから、米国の民主主義は建国以来、公教育と国への奉仕という二本の柱によって維持されてきたと考えている。

学校の役割

米国の学校は今、クレヨンズ・トゥ・コンピューターズの拠点であるシンシナティだけでなく、いたるところで苦闘を強いられている。教師が学用品を自腹で購入し、経済的に追い詰められている学校を私はいくつも知っている。こうした学校のひとつに頼まれて、卒業式で話をすることになったとき、私は教師のひとりにたずねてみた。「何か卒業式に必要なものはありませんか」。すると、彼は喉から手が出そうな顔で答えた。「行進のときに子どもたちが掲げられる星条旗が二つあったら、うれしいです」

これは学校の支援者が提供できる、ささやかなものではないだろうか。私たちは自分が子どものころに通っていた学校を思い浮かべ（教科書や学用品が十分にあり、どの教室にも星条旗が掲げられていた）、今も構内には同じような世界が広がっているものと考える。確かにそういう学校もあるだろう。米国にはすばらしい学校も存在する。しかし切実に助けを必要としている学校もまた、何千とあるのだ。そのような学校の子どもたちは落第し、中退し、おそらくは一生、安定した仕事に就くことのない何百万もの人々の列に加わっている。

私たちの未来は、学校の健全さにかかっている。ところが最近の調査で、マイノリティの子どもの五〇％、貧困世帯の子どもの七〇％、米国全体の子どもの三〇％は高校の卒業資格を得られない見込みであることがわかった。おまけに多くの人は、こうした子どもたちの存在に気づいてすらいない。

ニューヨークでも、一〇〇万人の就学児童のうち、五万人は高校を卒業できないと見込まれている。卒業証書がなければ仕事はなく、未来はなく、希望もない。そのような子どもたちがあまりにも多い。この子どもたちは、私たちの子どもたちだ。ニューヨークはほんの一例にすぎない。全国の学校が子どもたちの期待を裏切りつづけている。刑務所を増やすことが答えではないはずだ。

以前、ニューヨーク・シティの学校で「一日校長」を務めてみないかと誘われたとき、私は「物が不足していて、いくつかの課題を抱えている学校」をリクエストした。そして提案されたのが、ニューヨークでもっとも貧しい地区のひとつサウスブロンクスにある、ニュースクール・フォー・アーツ・アンド・サイエンスだった。そこは、さまざまなリスクにさらされた若者のための新しいタイプの高校だった。

私はこの高校で、まる一日を同校の生徒、教師、そしてすばらしい校長のガートルード・カラバスとすごした。一日の終わりには生徒会の一〇人のメンバーと会った。「もし資金があるなら、この学校がいちばん必要としているものは何かしら」とたずねると、彼らはこう答えた。「図書室です。この学校には図書室がありません。図書室があったら、みんな喜ぶと思います。あとは教科書。一冊もないんです。全員が一冊ずつ教科書を持てたらなあ（もっとも、授業科目は七つあったのだが）。それと、三つ目はメンター。今日、あなたは全校生徒と先生の前で、壁を越えてリーダーシップを発揮すること、全員が力を合わせて地域をよりよい場所にすることの大切さを話してくださいました。サウスブロンクスを、みんなにとってもっといい場所にするためのプロジェクトを手伝ってくれる人、メンターはいないでしょうか」

彼らの願いに対して私がしたことは、彼らの実態をできるだけ多くの人に伝えることだけだったが、実情を知った何人もの人々が小切手を切ってくれたおかげで、書籍の購入費用として二万五〇〇〇ドルが集まった。現在、同校には図書室がある。そこで生徒たちが本に囲まれている写真は、タイム誌の子ども版「タイム・フォー・キッズ」の表紙を飾った。教科書も全生徒の手にわたった。三つ目の願いについても、ジュニア・アチーブメントの当時の理事長がファイザーとベライゾンにかけあい、支援を取りつけてくれた。翌年には五二人が卒業した。同校初の卒業生だった。生徒会のメンバーのうち九人は大学の奨学金を獲得した。

貧しい地域にある大きなニーズを抱えた学校で、若いリーダーたちは三つの差し迫ったニーズを見いだした。いずれも、サウスブロンクスによりよい学校と地域を築くためのものだ。もしジョン・ガードナーが生きていたら、この若い市民たちが身をもって示した実例に感銘を受けただろう。

あなたも地域社会を見わたせば、市民だけが解決しうる問題に取り組むべく、人々の力を結集させようとしている組織や個人の存在に気づくはずだ。どの地域にも課題やニーズは山積している。問題は、行動を求める声に私たち一人ひとりが応えるかどうかだ。

奉仕する心

一九九八年、私は米国陸軍参謀総長のデニス・ライマー将軍と、当時参謀本部の人事部長だったティモシー・モード将軍に招かれて、陸軍の人事担当者を相手に国防総省《ペンタゴン》でリーダーシップと多様性について話をした。話が終わり、活発な議論がはじまると、ひとりの将軍が言った。

「ヘッセルバインさん、私の仕事は新兵の募集です。でも必要な人数がなかなか集まりません。あなたが責任者なら何をしますか」

私は「責任」を広い意味で解釈し、次のように答えた。

私なら明日の朝、米国のすべての一八歳の男女を対象に、国と地域社会に奉仕するためのプログラムを開始します。奉仕の期間は一年半か二年。行き先は五軍〔訳注：陸軍、海軍、空軍、海兵隊、沿岸警備隊〕のいずれか、もしくは地域社会です。これまでにないインクルージョン、多様性、関係性を実現するような奉仕プログラムを地域レベルで開発してもいいでしょう。老朽化した道路や橋梁の修繕に取り組む者もいれば、公立学校の教師にまじって識字率を高める活動や、高校の卒業資格を持つ子どもを倍増させる活動に従事する者もいます。そして二年の奉仕期間が明けたら、全員が奨学金の受給資格を手に入れる――二年間、希望するカレッジか技術訓練校で学べるようになるのです。

そうすれば、この国の一八歳は自分の可能性を知り、奉仕の精神を身につけるでしょう。国は新兵を確保し、すべての国民に対する敬意を新たにするでしょう。すべての子どもたちは、学習と成長の機会を手にするでしょう。これがあなたの質問に対する私の答えです。

「想像もしていなかった答えです」とその将軍は言った。この国の学童、橋梁、臨海地区、道路施設が抱えているニーズは、ますます大きくなっており、米国陸軍はすでに限界を超えて働いている（ティモシー・モード将軍は、九・一一で飛行機がペンタゴンに墜落した際に亡くなった。彼は翌月に予定されていたドラッカー財団のリーダーシップ会議「カンファレンスボード」で開会を宣言することになっていた。私たちはこの会議をモード将軍の思い出にささげた)。

これからの時代を担う一八歳の男女に、この奉仕のビジョンを受け入れてほしいと願うのは甘いかもしれない。しかし、それは不可欠のことだ。物語を語ったり、愛国心と無私の奉仕というメッセージを伝えたりするだけでは、若者を引きつけることはできない。彼らには、もっと具体的な行動で示す必要がある。

公共の利益に真に焦点を合わせるなら、奉仕は特権だ。面倒な仕事ではなく、すばらしいチャンスだ。才気あふれる雄弁な一八歳に、自分の体験を語ってもらおう。多様な奉仕のあり方を伝えてもらおう。そうすれば、奉仕は新たな重要性を帯びるようになる。この奉仕プログラムは、新しい同盟、新しいパートナー、新しい協同を育むだろう。奉仕したいと思っている新しい世代の人々が、道路や橋を修復するなど、地域社会の満たされていないニーズに応えられるように励まし、支えるシステムになるだろう。

しかし、そのためには官・民・非営利セクターのすべてで、ビジョン、勇気、革新、寛容さ、共有、インクルージョンを実現する必要がある。私たちの未来が、遠くでかすかに光っている。そこにあるのは、すべての国民が互いを思いやる国、使命感に燃えた若い男女が、あらゆる場所で積極的にリーダーの役割を果たし、民主主義を支えている国の姿だ。

今日では、多くの人が自分の主義主張を述べる場を持っている。そういう場を利用して、一八歳の男女が国や地域社会に奉仕できるように励まし、動機づけ、鼓舞するにはどうすればいいのか？「二年間奉仕すれば、好きな場所で二年間学べる」というメッセージを伝えるためには、カレッジ、大学、財団、市民をどう結集させればいいのか？これを野心的すぎるとか、話が大きすぎるとか、自分の仕事ではないと思うなら、ぜひ考え直してほしい。

国や地域社会への奉仕をうながす強力なプログラムは、理想主義、情熱、愛国心、そして「奉仕することは生きることである」という認識を深める。五年後、一〇年後には、これらのプログラムを通じて奉仕を経験した何十万人もの若い男女が、次なる学習の冒険に乗りだし、新しい世代の市民となっていくだろう。彼らこそ、国と地域社会と同胞に奉仕し、民主主義を永遠に維持していく、次の「偉大なる世代」だ。

何かを成し遂げたいなら

今は政治的不和がもたらす日々の混乱は脇において、健全な地域社会を構築するためのリーダーシップに目を向けるときであり、自分なりにリーダーシップを発揮する責任を引き受けるときだ。もし若い男女を支援できないというなら、こう自問してほしい。「ならば、どうやって民主主義を維持していくのか？」

これは大局的な見地だ。本当は誰もが、自分なりにリーダーシップを発揮し、協力者を集め、計画を立て、貢献する方法を知っている。問題は、実際に行動するかどうかだ。重要なのはリーダーシップである。「奉仕することは生きることである」と知ることである。私たちには、社会に新しいはじまりをもたらす力がある。

「ニーズが大きすぎて、どこからはじめればいいのかわからない」と言う人もいるだろう。このような人々には、『不思議の国のアリス』に登場する王さまよろしく、「はじめからはじめよ」と伝えたい。

以前、スイス行きの飛行機に乗るために空港へ向かっていたとき、ニューヨークの渋滞に巻きこまれ、身動きがとれなくなったことがある。とっさに私は、翌週ジュネーブで一緒に仕事をする予定になっていた国際赤十字・赤新月社連盟の人々のことが頭に浮かんだ。彼らはこの組織で働くために、文字どおり世界中から集まっていた。文化も、人種も、言語も、経歴もばらばらだったが、彼（彼女）らこそ、ルワンダに、ダルフールに、ハイチに、その他の被災地に最初に乗り込んだ人々であり、最後に去った人々だった。そしてその全員が、「もっとも弱い人々に奉仕する」という国際赤十字のミッションに献身していた。

彼らを相手に、リーダーシップに関するセッションもすることになっていた私は、渋滞にはまりながら、文化も人種も民族も違うあの多様な聴衆の心をとらえる方法を考えつづけていた。そのときだった。ふと横を見ると、一台のバスがやはり渋滞に巻きこまれて止まっていて、その車体には、よくあるカルバン・クラインやラルフ・ローレンの広告ではなく、わずか四行の言葉が書かれていた。

偉大なことを成し遂げたいなら
自分が今いるところからはじめなさい
自分が持っているものを使って
自分にできることをしなさい
——アーサー・アッシュ

天の声だった。その四行の言葉は私の心をゆさぶり、インスピレーションをもたらした。私はアーサー・アッシュ（米国の著名なテニス選手にして人道主義者、作家。輸血によるＨＩＶ感染がもとで亡くなった）のこの言葉を、日々悲惨きわまりない状況に対処している人々に、膨大なニーズ、限られた資源、人手不足にたえず悩まされている人々に伝えた。

セッションの参加者と別れのあいさつをかわすころには、アッシュの言葉は世界中をかけめぐっていた。その言葉は参加者に、変化や難題を自分の問題としてとらえよと呼びかけた。アッシュは「ほどほどのことをしたいなら」とは言わなかった。「偉大なことを成し遂げたいなら」と言った。これこそ、リーダーにふさわしい発想だ。

ハーバードやその他の大学で、ＭＢＡ課程の学生たちと刺激に満ちた会話をしていると、きまってこう言われる。「でも私たちは中間管理職になるんです。組織のトップにいるわけでもないのに、あなたがおっしゃるような変化を起こせるでしょうか」。私はこう答える。「自分がいるところからはじめればいいの。今いるところからね。そうすれば、あなたの仕事が何であれ、自分のチームやグループに新しい洞察とリーダーシップをもたらせるはずよ」

そう、自分が今いるところからはじめるのだ。たとえば、どこかひとつの学校を支援するのはそう難しいことではない。ささやかな支援にも、子どもたちの人生を、学校を、地域社会を変える力がある（図書室の本、プリンターのインクカートリッジや、学用品の寄附、就職フェアの開催支援など）。自分なりの方法で公共の利益に尽くすチャンスは、すべての人に開かれている。市民だけが取り戻すことのできる、活力と思いやりにあふれた新しい社会の実現に貢献したいなら、「自分が今いるところからはじめる」だけでいいのだ。

あなたも「ロッククライマー」に

不安定な時代にリーダーとして生きることは、偉大かつ複雑な経験だが、そのなかにこそ人々を導き、解決策を見つけ、よりよい地域社会を取り戻すための絶好の機会、注目すべき機会があるものだ。

どんな組織でも、健全で多様で包括的で、すべての構成員が大切にされる地域社会を築こうと決意しているリーダーは、よりよい地域社会を築くことが公共の利益につながることをあらためて実感している。公共の利益のことなど気にもかけていないというリーダーであっても、病んだ不健康な地域社会から活力にあふれた生産的な労働力は生まれない、という現実から逃れることはできない。生産的な労働力がなければ、一〇年後の組織は成長力を失っているどころか、存在すらしていないかもしれない。

課題の山に圧倒されそうなら、自分が今いるところからはじめている「ロッククライマー」の実例を見るといい。

ひとつ目の例。以前、米国のいくつかの大学の学長が集まって、オックスフォード大学で「グローバルな倫理と変わりゆく大学学長の役割に関する、オックスフォードコンクラーベ」を開催したことがある。私は光栄にも、このビジョナリーたちの集まりに参加し、リーダーシップと倫理について話をし、四日間にわたる議論にも参加した。このとき、ここに集った学長たちは、自分の大学が直面している日々の課題だけでなく、複数の大学にまたがる普遍的な問題にも取り組もうとしていた。私はそのさまを見て大いに心を打たれた（このときの参加者とは今も交流がある）。

ふたつ目の例。ハリケーンカトリーナがニューオーリンズの町に壊滅的な被害を与えたとき、デューク大学の三人の学生が、進まぬ救援活動のせいで何千人もの被災者が立ち往生しているのを見かねて行動を起こした。サウスカロライナのヘラルドサン紙が伝えたところによれば、三人はヒュンダイの小型車に乗り、一二時間かけてニューオーリンズに駆けつけると、記者を装ってこの洪水に襲われた町に入りこみ、三人の女性と一人の男性を避難させた。翌日にも、ふたたび町に入り、さらに三人を救助した。彼らのおかげで、当局による支援を受けられなかった七人の被災者たちが救助され、バスでテキサスへ避難できた。

「ロッククライマー」たちはニーズを見つけ、行動を起こす。自ら模範を示すことで、人々を導く。

そして三つ目の例。じつは、ニューオーリンズに残された人々もまた、ロッククライマーだった。取り残された二人の救急隊員がのちに語った物語は、いずれも人間の精神が持つ偉大な力を教えてくれた。フォークリフトで病人や障害者を運んだ保守管理者、ありあわせの材料で発電機をつくって動かしつづけたエンジニア、意識のない患者のために何時間も自力で人工呼吸をつづけた看護師、人々を安全な場所に輸送するために、キーのない車のエンジンをかけてまわった整備士、行き場を失った何百もの人々のために店の厨房で大量の食事をつくった店員たち……。彼らは、「真の英雄的行為とは、是が非でも他者に勝とうとすることではなく、どんなときも他者に奉仕しようとすることである」というアーサー・アッシュのもうひとつの名言を思い起こさせる。

よりよい地域社会を築くためには、全員の力が必要だ。力を合わせることで、私たちは世界を変えることができる。すべての子どもたちに、新しい世界をもたらすことができる。必要なのは、自分が今いるところからはじめること、それだけだ。

死の間際にも人々にメッセージを残したアーサー・アッシュのように、私たちも人々にメッセージを残すことができるだろうか。できるとしたら、それはどんなメッセージだろうか。

14

聞くこと、そして見ること

すでに述べたように、私がもっとも大きな影響を受けたのは祖母だ。たいていの人は、私がジョン・W・ガードナーやピーター・ドラッカー、ウォレン・ベニス、ジム・コリンズといった人々の名を挙げるものと考える。確かに、どの人も一流のソートリーダーであり、私の旅にかかわってくれた大切な人たちだ。全員が、私の人生と仕事に大きな影響を与えた。しかし、他者とのかかわりを初めて意識したとき以来、私のロールモデルはずっと、この静かで愛すべき祖母だった。

ママ・ウィックスは、人の話を丁寧に聞く人だった。たとえ相手が六、七歳の孫だろうと、彼女は私たちの目をじっと見て、それがその瞬間に自分がすべきもっとも重要なことであるかのように話を聞いてくれた。途中でさえぎったことは一度もない。おかげで私たちは、何であろうと自分の小さな物語を最後まで伝えることができた。祖母はいつだって全身で私たちの話を聞き、温かい言葉を返してくれた。私が人の話を聞くことを学んだのは、ママ・ウィックスのようになりたかったからだ。他者への理解や思いやりは、私が幼いうちに学んだきわめて重要なことのひとつだった。

私は今もときおり、子どものころに祖母のおかげで覚えた格言を思い出し、その意味をかみしめている。祖母がまだほんの少女だったとき、一家は西ペンシルベニアの山中に、樽板をつくる製材工場を持っていた。工場ができたのは一八四〇年代、南北戦争がはじまるはるか前だ。工場の近くには、祖母も祖母の父も祖父も通ったという、ひとつしか教室のない学校があった。そしてその黒板の上にはずっと、「マガフィーリーダー」〔訳注：一九世紀半ばから二〇世紀半ばにかけて、米国の学校で教科書として採用されていた英語読本〕から取ったと思われる格言が掲げられていた。「賢明にも古い知恵にしたがう者は、次の五つのことを心にとめおくべし――誰のことを、誰に対して、どのように、いつ、どこで話すか」

これこそ、祖母が八歳の私に覚えさせた格言だった。何年ものち、私は何度も苦笑した。私がトラブルに陥ったときはきまって、「五つのこと」についての祖母のアドバイスを忘れたときだったからだ。

聞くことは技術である

最近、「聞くリーダー」について書こうとしているライターから取材を受けて、また祖母を思い出した。聞くことは、ひとつの技術である。話をしている人は自分に集中してほしい。だから私たちはその人に焦点を合わせ、じっと耳を傾ける。ときには、言外のメッセージも聞く。相手をまっすぐに見、目と目をしっかりと合わせる。時計の存在を忘れ、相手に意識を集中する——これが敬意と呼ばれるものであり、理解と呼ばれるものであり、リーダーシップと呼ばれるものだ。

聞くことは、人が何に価値を置いているのかを知るための、もっとも効果的な方法のひとつでもある。私たちはすべての顧客、すべてのメンバー、組織を取り巻いているすべての人の声に耳を傾けなければならない。聞くことによって初めて、相手が大切にしていることがわかる。これはきわめて重要なスキルだ。ただし、このスキルを身につけるためには、他者に対する寛大な態度が求められる。広い素直な心で聞くことで初めて、組織の仲間はもちろん、組織の外側にいる人々への理解と感謝も深まっていく。

私がこの教訓を学んだのは、ガールスカウトの仕事をはじめてまもないころのことだ。ガールスカウトでは、まず団やグループが少女たちの声を聞く。自分の考えを伝えることを学びはじめたばかりの少女にとって、リーダーがどのように聞いてくれるかは大問題だ。同意しようとしまいと、少女の考えは敬意をもって扱わなければならない。リーダーがやさしく思いやりのある態度で耳を傾けるなら、少女は自分の考えをさらに明確にしていけるかもしれない。少なくとも、そのような態度は、少女たちがリーダーから学ぶすばらしい瞬間をつくりだす。誰もが注目を求めて叫んでいる世界にあって、ガールスカウト米国連盟は常に立ち止まるべき場所で立ち止まり、聞くべきものを聞き、進むべきときに進んできた。

根気よく聞くことのできないリーダー、一方的に告げるだけのリーダーに、情熱的で献身的なチームはつくれない。

いくつかのちょっとしたコツ

コミュニケーションとは、何かを言うことではなく、聞いてもらうことだ。だとすれば、リーダーは意識的に「私の話は理解されているか？　私のメッセージは相手の耳に届いているか？」と自問する必要がある。「何度も言ったよ、何度もね。でも理解してくれないんだ」とリーダーがこぼすのを何度聞いたことだろう。確かに、このリーダーは話をしたのだろう。しかし、聞かれてはいなかった。コミュニケーションは成立していなかったのだ。このように、相手が自分の言葉を聞いていないことが明らかなときこそ、話すのをやめて耳を傾けるべきときだ。メッセージを伝える方法を変えてみるときだ。聞くことのできない者は、決して有能なリーダーになれない。

では、聞く力を伸ばすにはどうすればいいのか？　聞くという行為には相手がいる。言い換えれば、それはつながりであり、つながりは循環する円を描くときに最大の効果を上げる。私が聞き、あなたが答える。あなたが聞き、私が答える。コミュニケーションという魔法の円のなかで、人は互いのメッセージを聞き合う。「大いなる岩の顔」［訳注：ナサニエル・ホーソーンの短編の題名］は、よい聞き手にふさわしい顔ではない。相手の話には表情豊かに応じてほしい。

聞くというテーマで私に取材をしていた件のライターは、もっとも重要なアドバイスをひとつだけ挙げるとすれば何かと聞いてきた。よくよく考えた結果、私の答えは「〝でも（but）〟を追放する」だった。思い起こせば、これまでに参加したどのマネジメントチームでも、成長と生産的な関係の鍵になっていたのは建設的なフィードバックだったからだ。

話を聞いてもらいたいなら、自分の辞書から「でも」を追放することだ。仕事ぶりをほめられ、気をよくして熱心に耳を傾けていたのに、「でも」という言葉が聞こえてきたばっかりに、あとにつづく建設的な内容や、力を与えてくれる言葉まで台無しになったことが何度あったことか。「でも」は、誰の助けにもならない。聞くほうにとっても言うほうにとってもだ。これに対して、「それから（and）」は話を優雅に転換してくれる。それは生産的な関係を築くコミユニケーションであり、相手を威嚇することなく相互理解にいたるための橋だ。

「でも」を「それから」に置き換える――これは、広い心で相手の話を聞き、かつ相手にも広い心で話を聞いてもらいたいと願っているリーダーに対する、私からの最高のアドバイスだ。

リーダーがメンバーに耳を傾け、メンバーが顧客に耳を傾けるとき、コミュニケーションは循環する円を描き、私たちはもっとも大きな成功をおさめることができる。

「ささやき」に耳を澄ます

聞くといえば、自分の内なる声に耳を傾けることも忘れてはいけない。これができなければ、私たちの人生は活力を失う。自己理解の面でも他者との関係性の面でも、到達できたはずの深みに達することはできない。

もし、内なる声を聞く耳を持つなら、あなたは三つのささやきを聞くことができる。ひとつは身体がささやく声だ。その声は、身体のどこかがうまく機能していないことを教えようとしている。人間は、知的になるほど身体のささやきを無視しがちになる。そしてある日、病が姿をあらわし、身体のささやきをさえぎったり無視したりした日に私たちを連れ戻す。第二は、ハートがささやく声だ。それはあなたが愛し、愛されているすべての人の心の声、互いの関係性のなかでささやかれる声である。そして第三は、魂（信念、内なる霊）がささやく声だ。この静かな声はあなたに、なぐさめ、癒し、そしてひらめきを与えてくれる。

♈

祖母は、子どもや孫の話を聞くだけでなく、南北戦争に従軍したプリングル家の七人兄弟の物語や、あとに残って子どもや農場の面倒をみた妻たちの物語を語ってくれた。その話がとても上手だったので、彼女が亡くなり自分が成長したあとも、ずっと覚えていた。

前方に目を凝らせば、未来はますますあいまいになり、対立、衝突、戦争は増えつづけている。どこで何をしていようと、すべての人が、これまで以上に聞き方を身につけなければならないときがきた。不愉快なニュース、気がかりなニュースを耳にしたときは、いっそう慎重に、かつ冷静に耳を傾けなければならない。悪いニュースだからといって、メッセージの運び手を攻撃するなど論外だ。困難な時期こそ、効果的なコミュニケーションをもたらす技術と訓練が求められる。聞くことは、聞かれるリーダーになるための鍵なのだ。

ものごとの全体を見る

聞くことは重要だが、それだけではまだ十分ではない。見ることも必要だからだ。しかし、これは言うほど単純ではない。ただ単に窓から外を眺め、晴れか曇りかを見るだけなら誰でもできるが、ピーター・ドラッカーのように、「窓の外を眺め、明らかではあるが、まだ認識されていないものを見る」ことができる人は滅多にいない。私たちはつい、わかりやすい細部（四半期決算の数字や生産性の指標など）に目を奪われ、木を見て森を見ずの状態に陥ってしまう。

多くの未来のリーダーが、「結果を出す」ことばかりを教えこまれ、偉大で有能なリーダーになる道を見失っている。組織の財務面を適切に管理することは確かにリーダーの責任だが、事業の全体像（ミッションに対する情熱、行動の指針となる価値観、耳を傾けるべき顧客、必須のパートナー、かなたに見えるビジョン）を見なければ、事業は失敗する。リーダーシップの課題のなかから、ひとつの要素、ひとつの行動、ひとつの側面だけを取り出して論じることは、一本しか絃のないギターを弾くようなもので、それは音楽というより騒音に近い。

かつてピーター・ドラッカーは「集中、集中、集中」と言って私たちを戒めたが、この言葉はもちろん、組織の全体像を見る必要性を否定しているわけではない。実際、広い視野から組織をくまなく観察することによって初めて、重要な優先課題が見えてくる。全体を見ることによってのみ、自分がひとにぎりの優先項目に集中している理由を理解し、それをはっきりと他者に伝えられるようになる。ひいては優先順位を変えるべきときもわかる。

階層からでは見通せない

組織の全体像を見ているときや、ゴール、目的、行動が、未来の全貌を力強く描き出せているときは、すべてのメンバー、すべての顧客がパートナーとなる。あらゆるものが積み重なり、円を描いて循環している状態、すべてのものがひとつに溶け合っている状態をつくりだすことこそ、長期にわたって組織を繁栄させうるすばらしい戦略だ。

古い階層型組織では、ものごとの全体像は見えてこない。四角いの箱に押しこまれていては、組織のなかを自由に動きまわることも、チームやグループで活動することも、自分らしく貢献することもままならない。くりかえし述べてきたように、今、多くのリーダーが、事業を古い箱から解放し、丸い世界にふさわしいマネジメントを実践しようとしている。全体像を見るためには、組織をひとつの柔軟で流動的な円としてとらえなければならない。そのとき初めて、私たちは未来社会へと移行できるようになる。

人生の全体を見つめると

つきつめていくと、ものごとの全体像を見ることは、組織のリーダーとしてだけでなく、ひとりの人間としても最優先すべき義務だ。ただし、人生の全体像を見ることは、ビジネスの全体像を見るよりさらに難しい。

私たちはワーク・ライフ・バランスの話を何度聞き、何度してきたことだろう。誰もが家族や友人、愛する人や愛してくれる人、組織のミッションや未来のビジョンに同じ情熱を燃やす仲間たちと過ごす時間を確保しようと奮闘している。世界や地域のために、ボランティア活動に参加している人もいる。

そのうえ、私たちは見識ある市民でもある。早朝にはセントラルパークを走り、プールでは二〇往復のメニューをこなし、さらには大きなバスケットまで持ち歩いている。家族、友人、仕事仲間、キャリア、奉仕活動、心身の健康、精神的なニーズや知的欲求……、じつにさまざまな要素が豊かに交差する奇跡的な毎日のなかで、私たちはどうバランスをとっていけばいいのだろうか。

ドラッカー財団を設立して間もないころ、私は当時ヒューレット・パッカードの会長だったルイス・プラットに、『企業の未来像』に寄稿してほしいと頼んだことがある。大半の人は、この偉大なリーダーなら、サイバースペースや未来のテクノロジーについて書くにちがいないと思うだろう。ところが、彼は次のように答えた。「もしあなたがよろしければ、従業員のワーク・ライフ・バランスについて述べたいと思っています。これは、アメリカの企業がつきつけられている最大の課題ですから。この問題を解決できれば、あらゆる人が何らかの益を得るでしょう」

このときの会話は忘れられない。私は今も彼の言葉を常に心にとめて、ワーク・ライフ・バランスへの答えを、人生の全体像を見ることへの答えを模索しつづけている。

大きな成功をおさめている企業のリーダーから、「これまでは仕事に追われ、わが子と過ごす時間すら見つけられなかったけれど、今は孫と楽しくすごしています」などと言われると悲しい気持ちになる。これでは不十分だ。リーダーは、リーダーシップの旅のどの地点にいようとも、自分の人生の全体像を見るという課題に向き合わなければならない。

無駄のない言葉で語ろう

今日のリーダーは、一〇年前、二〇年前よりもはるかに深刻な断絶の時代にいる。そのなかでリーダーシップを発揮し、成果を得るためには、組織のメンバー、顧客、そして大衆と、これまで以上に明確にコミュニケーションをとる必要がある。「コミュニケーションとは、何かを言うことではなく、聞いてもらうことである」という認識に立って、自分たちの言葉や行動を吟味していかなければならないのだ。

無駄のない言葉で語る能力は、未来のリーダーが磨くべきもっとも強力なスキルのひとつである。たったひとつの文が、節が、あるいは一枚の文書が、長たらしい説明や分析よりも、はるかに多くの人の注意をひきつけることはめずらしくない。

有能なリーダーは、聞く技術を磨き、ピーター・ドラッカーの言う「まず考え、最後に話せ」という戒めを守っている。組織に調和と統合をもたらすリーダーは、聞くことによって周囲の人を巻きこみ、決して排除することがない。合意を形成し、違いを受け入れ、共通のコンセプト、言葉、立場を見いだす。

見ることは聞くことと一体だ。ものごとの全体像を見るためには、課題と向き合い、地域社会の参加を促し、協力しあい、組織の長期的な意義と重要性に焦点を合わせることが不可欠になる。こうしたことがわかっているリーダーは、拡大鏡を捨て、一歩離れて、細部ではなくより大きな世界に目を向ける。他者と向き合い、丁寧に話を聞き、ものごとをいくつもの視点から眺める。他者の視点を取り入れ、それによって自分の視野を広げる。

組織、コミュニティ、社会を広い視野からとらえられる人こそ、未来のリーダーであり、最終的には、民主主義を支えていく人だ。その人こそ、大局的見地から見た、聞くことと見ることの体現者である。

15

リーダーのあなたへ

リーダーにとって、今は試練のときだ。現代のリーダーは、深刻な不和の時代にリーダーシップを発揮するという勇気を持たなければならない。激動の未来へと突き進んでいくための価値観、原則、哲学を体現し、戦いのさなかに先頭に立って人々を導く——そんなリーダーが待ち望まれている。しかし、そんな人は本当にいるのだろうか？　古い世代の人々は、リーダー不在の時代を予感し、警鐘を鳴らしている。あとを託せる優秀なリーダーを探していたＣＥＯや上級幹部も、有望な候補はほとんどいないという結論に達したようだ。

「次の〝偉大なる世代〟は、いったいいつあらわれるのか」と嘆く人もいる。第二次世界大戦中に私たちを導いてくれた人々の物語は、今やこの国の家族、文化、歴史の一部となっている。あの時代は、将軍や兵士、国内の工場や農場を死守して必要な物資を供給しつづけた勇敢な男女……と、誰もが自分の利益はあとまわしにして国のために尽くした。市民たちも銃後を守った。そして全員が、この名高い世代の一員となった。

思えば、世界はあれから大きく変わった。私は毎週のように出張し、話すよりも聞き、さまざまな資料に目を通しているが、多くの報告書や記事が、米国の組織ではシニカルな態度が過去最高になり、信頼は過去最低に達していることを示唆している。

とはいえ、私は未来を大いに楽観している。なぜなら、大学やカレッジのキャンパスで出会う新しい世代の学生たちが、未来に対する希望、活力、信頼を与えてくれるからだ。私の印象では、この世代は過去の世代とは違う。通説と異なり、彼らにはシニカルなところはほとんどなく、むしろ奉仕することや変化をもたらすことに献身的に取り組んでいる。

だから、若者に期待する

ミレニアルズ、Y世代などと呼ばれる新しい世代の人々は、テクノロジーの世界に生き、総じて高い期待を抱き、多様性とインクルージョンを重んじ、偏見がない。実績と成果を重んじ、グローバルな洞察力をそなえ、社会に対する責任を自分なりに引き受けている。今日の大学生については、信頼できる研究がさまざまな分析をしているが、それによれば、彼らはリーダーシップと市民の社会参画を、偉大さと奉仕を目指すために欠かせないものと見なしている。

ウォレン・ベニスが「るつぼの世代（crucible generation）」と呼ぶこの世代は、さまざまな経済的、社会的要因の影響を受けてきた。ＵＳＡトゥデイ紙が実施した最近の調査では、雇用が減少し、景気が後退しても、「他者を助けたい」という彼らの意欲は低下しなかったことがわかった。九・一一が暗い影を落としていた時代に成長し、ハリケーンカトリーナがもたらした壊滅的な被害を目の当たりにし、不況の時代に就職活動をしなければならなかった彼らは今、国内外でボランティア活動にいそしんでいる。その数は、過去に類を見ないほど多い。

ミレニアルズは、学校で読み書きだけでなく奉仕することも学んだ。また、インターネットとともに育った最初の世代でもあり、自宅にいながら、それぞれの得意分野でソーシャルネットワーキングの先駆者となった。この国に限らない。今、世界中の大学生が、地域社会への奉仕は自分のＤＮＡに組みこまれていると考えている。

私はスピーチをするとき、いつも「奉仕することは生きることである」というメッセージを伝えているが、この言葉を体現しているのが、現在は大学で学び、まもなく就職しようとしている彼らだ。この人たちが送ってくれる手紙の多くは、「奉仕することは生きることである」という言葉で結ばれている。

私が自分の時間の三分の一をカレッジや大学のキャンパスですごしているのは、私自身のためでもある。というのも、キャンパスを訪れるたびに、希望で胸がいっぱいになるからだ。この世代のリーダーには、特別な何かがそなわっているように思う。私は彼らの一本筋の通った、倫理的で勇気あるリーダーシップに、彼らが考える理想のリーダー像を見る。理想のリーダー、それは彼ら自身にほかならない。

最近の信頼できる調査によると、今カレッジで学んでいる世代は、一九三〇年代や四〇年代の学生たちと似ているという。二〇年後に「〝偉大なる世代〟が再来した」と言えるかどうかはわからないが、それがあなたや私にかかっているのは確かだ。若い男女が無私の奉仕を実践できるように、彼らを励まし、支え、鼓舞し、必要な力を与えてほしい。

ジョン・ガードナーの『自己革新』には、まさにこの新しい世代のリーダーのことを語っているくだりがある。「自分の仕事は、古くさい価値観を守るための退屈な監視でしかない、という印象を若い人々に与えてはならない。代わりに、若い人々にはこう伝えよう。きみたちの仕事は……自らの行動によってこれらの価値観をたえずつくりかえていくことだと……そしてこう伝えよう。どの世代もこの困難な戦いに挑み、新たな理想をもたらしたり、古い理想を捨て去ったりしてきたのだと」

仕事で自分を表現する

新時代のリーダーについては、まだ広く合意されている定義はない。しかし、組織や社会の未来を再定義していくうえで、若いリーダーが重大な役割を果たすことは誰もが同意している。最近はうれしいことに、少人数の若者たちと話をする機会が増えてきた。そんなときは、私の答えよりも、若者たちの質問のほうがはるかに興味深い。その質問とは、たとえば次のようなものだ。

- どうやって最初の一歩を踏み出したのか？
- 自分がリーダーになるとわかったのはいつか？
- なぜそんなに前向きなのか？
- どこから活力を得ているのか？
- 自分のミッションを達成しつつ、他者の意識も引き上げるためにはどうすればいいのか？
- メンターはどうやって見つけるのか？
- ソーシャルセクターでキャリアを積むにはどうすればいいのか？
- 地域のプロジェクトはどうやって見つけるのか？
- ガールスカウト時代に経験した最悪の日は？

最後の質問には、「ガールスカウト米国連盟で働いた五〇〇〇日のうち、悪い日など一日もなかった。苦しい時期はあっても、悪い日はなかったわ」と答えるようにしている。そして最初の二つの質問には、ウォレン・ベニスの言葉を引用することが多い。

私がガールスカウト米国連盟を去った年に、ウォレンは『リーダーになる』（海と月社）という本を出版した。この本で彼は、一〇〇人のリーダーへのインタビューをもとに二三人のリーダーの姿を描き出した。本は大成功をおさめ、The Leader Within（内なるリーダー）というビデオも制作された。このビデオには三人のリーダーが出演している。その三人とは、ハーマンミラー会長のマックス・デプリー、ウェストポイント（陸軍士官学校）校長のデーブ・パルマー将軍、そして私だ。

『リーダーになる』に取り上げられていた人たちの顔ぶれを考えると、あえてこの三人が選ばれたのは意外に思われた。というのも、このビデオは企業の管理職研修に使われるものだったからだ。当初は、オフィス家具、ウェストポイントの士官候補生、ガールスカウトに、いったいどんな共通点があるというのだろうと思ったものだ。

撮影は国内の三カ所で別々に行われた。脚本もなかった。それらの映像が最終的にどうまとめられるのか、私には見当もつかなかったが、ウォレンは三者三様の人生から強力な共通点を、リーダーシップに関する共通の教訓を見事に引き出してみせた。ビデオは、リーダーシップの基本として次の四点を強調している——ミッションに献身すること、自分を知ること、ビジョンを伝えること、そして誠実な人間であることだ。ビデオの最後で、ウォレンはカメラを見すえて次のように語っている。「この三人は、最初からリーダーになろうとしていたわけではありません。仕事を通して自分を表現しているうちに、リーダーになったのです」

この古いビデオを見るたびに、私はウォレンの口から飛び出してくる、作家や哲学者も顔負けの鋭い言葉と見識に感嘆させられる。ものごとの本質を引き出す彼の能力は、当時も今も変わらない。

彼の洞察は、大学のキャンパスにいる若者たち、すなわち自分がリーダーと認知される瞬間がいつどのようにやって来るのかを気にかけている未来のリーダーたちとも共鳴する。だから私は、「自分がその段階まで来たかどうか、どうやってわかるのですか?」と若者からたずねられたら、ウォレンの先の言葉を伝えるようにしている。「仕事を通して自分を表現しているうちに、リーダーになるのよ」。ウォレンの言葉は、リーダーになることは目的地ではなく、喜びに満ちた長い旅であることを私たち全員に気づかせてくれる。

メンタリングは「特権」だ

現在リーダーと呼ばれている人々は、新時代のリーダーのメンターとなる特権と責務に感謝するべきだ。私はこれまでに三人の女性のメンターを務めてきた。中国の深圳で出会った夫妻の娘で、ニューヨーク大学の大学院生（12章参照）のメンターを一〇年、沿岸警備隊の若い士官（現在は外交分野の仕事をしている）のメンターを一〇年、そして南部出身の若い弁護士のメンターをときおりだ。この若い女性たちのメンターを務めた経験から学んだのは、メンタリングとは循環する円だということだ。彼女たちが私から学んでいるのと同じくらい、私は彼女たちから学んでいる。メンタリングは、リーダーシップの特権だ。

ニューヨークのオフィスでは、ただ私と話がしたい、交流したいと望んでいる若いリーダーと会う時間をつくっている。彼女たちは私を自分のメンターとして紹介することもあるが、厳密には、私は彼女たちのメンターではない。同じ旅を行く仲間だ。私のエグゼクティブアシスタントで、なくてはならない存在のグロリア・ファーリクマンは、いつも私の過密なスケジュールのなかから若いリーダーたちとすごす時間を見つけてくれる。たとえほんのわずかでも、それは私が現在の活動をしている理由を思い出させてくれる貴重な時間だ。

スピーチをするときや大学生たちと話をしているとき、私は米国陸軍の「戦士の精神（Warrior Ethos）」を引用することがある。

私は常に任務を最優先する

私は決して敗北を受け入れない

私は決してあきらめない
私は決して倒れた仲間を置き去りにしない

何人かの学生は、これを自分なりの言葉に、状況に、人生に翻訳し、「彼らの精神」にしている。

私に未来への希望を与えてくれる若いリーダーのよい例が、ベン・トール大尉だ。ウェストポイントを二〇〇五年に卒業し、バグダッドで若い兵士たちを指揮していたころの彼から、よくEメールをもらったが、いつもひとことの不平も書かれておらず、自分の指揮下にあるすばらしい若者たちを称賛する言葉ばかり並んでいた。その彼からあるとき、もうすぐ帰国し、しばらくはナッシュビルの近くに配属される予定だというEメールが届いた。

親愛なるフランシス

私はまもなくイラクを離れ、初の任務を完了する予定です。ナッシュビルの周辺に、週に二回、午後か夜にボランティアができる非営利団体はないでしょうか。イベントや資金調達、計画の立案などをお手伝いできればと思っています。

このEメールと私からの返信は、ただちにナッシュビルで活動しているいくつかのすぐれた非営利組織に送られた。この少しあとに、偶然にもナッシュビルで二五〇人のコミュニティリーダーを前に話をする機会があったが、ベン大尉のエピソードが聴衆の心をとらえたことは言うまでもない。このとき、彼の心と私の心はともにあった。彼はリーダーシップとは旅であり、目的地ではないことを理解している。自らの仕事を通して見事に自分を表現している。

静かに、謙虚に、務めを果たす

未来のリーダーのエピソードを、もうひとつ紹介しよう。私は週に二回は講演のために国内外へ出かけるため、あちこちの空港でしじゅう長い列に並んでいる。そしてそんなとき、人ごみのなかに、私に希望を与えてくれる若い人々の顔を見る。

しばらく前、私は飛行機の乗り継ぎのためにダラス空港にいた。翌日にテキサス州パンハンドルで講演する予定だった。ゲートに向かっているとき、まだとても若い兵士を見かけた。そこで私は、彼に近づいてこう伝えた。「この国のためにあなたがしてくださっていることに、私たちがどれだけ感謝しているか、理解してくださるといいのだけれど」。彼は驚いたような表情を浮かべると、「ありがとうございます」と言った。

ゲートに着くと、また彼の姿があった。同じ飛行機に乗るのだろう。私はふたたび彼のところへ行き、隣に座った。休暇で家に帰る途中なのかとたずねると、バグダッドからシャノン（アイルランド）経由でダラス空港に着き、ここで一時間、故郷に向かう飛行機を待っているところだと教えてくれた。もう二五時間も飛行機に乗っているという。休暇は二週間の予定だと彼は言った。

私は彼に名刺をわたし、何か読むものを送りたいので休暇から戻ったら基地の住所をEメールで送ってほしいと頼んだ。すると彼は、うれしいが返事には三週間かかると言い、私の手に、しわくちゃになったイラクの五〇〇〇ディナール紙幣を乗せた。お金は受け取れないと言う私に、彼は笑って言った。「もらっていただきたいんです。一ドルの価値もありませんから」。私は彼に伝えた。では、あなたやあなたのような若い兵士を思い出すために、この紙幣は額に入れてオフィスに飾りましょう、と。

私は席に戻っても、気温が摂氏五一度にもなる灼熱のイラクで、文句のひとつも言わずに任務を遂行している、この一八歳の射撃手のことに思いをめぐらせた。そしてしばらくしてから、小走りで彼のところへ戻り、その手に一枚のコインを握らせた。それは、数週間前にヒューストンのミリタリー・チャイルド・エデュケーション・コアリション会議で講演をしたときに、ウィリアム・〝キップ〟・ワード将軍からもらったものだった。私は言った。「幸運のお守りとして持ち歩いてきたの。これからはあなたが持っていてちょうだい。あなたに幸運が訪れるように」。彼は、「これは将軍のコインでしょう。とてもいただけません」と断ったが（陸軍には、何らかの貢献をした人物に指揮官が特別なコインを与え、その功をたたえる習慣がある）、私は言った。「あなたにいただいたイラクの紙幣は、ずっと大切にさせてもらいます。だから、あなたもワード将軍のコインを受け取ってちょうだい。あなたにあげたと言ったら、彼も光栄に思うはずよ」。彼はコインをポケットに入れた。

飛行機が着陸すると、その兵士の家族が出迎えにきていた。母親、父親、祖父母、そして五歳と七歳の弟だ。二人の弟たちは、彼と同じ第一歩兵隊の制服を着ていた。二人の小さな兵士が、二週間の休暇に帰ってきた兄を温かく迎えている。ひとりは兄に抱きかかえられ、もうひとりは若い兵士の脚を固く抱きしめていた。ひとりの疲れた若い兵士が、謙虚に、静かに、ひとことの文句も言わず、ただ自分の仕事をしている姿を見て、私は心から感動した。私の幸運のコインは今、彼とともにある。

未来のリーダーは、多彩な方法で人ごみのなかから顔をのぞかせる。彼らはみな、自分なりの方法で世界に貢献している。そのなかでも、とりわけ生き生きとした顔を見せているのは若者たちだ。彼らの存在は私を鼓舞してやまない。トーマス・フリードマンは最近、ニューヨーク・タイムズ紙の論説で、彼らを「静かなるアメリカ人」と呼んだ。記事のなかで彼はこう述べている。「この種の〝なせばなる〟の精神は歓迎すべきものだ。これこそ、民主主義を機能させている寛大さと楽観主義を奪おうとしている人々から民主主義を守るために、私たちが必要としているものである」

「火をつける人」を愛する

私が出会う新時代のリーダーたちは、人々に強力なメッセージを送っている。そのメッセージとは、信頼を築き、倫理的に行動し、多様性とインクルージョンと勇気の力を活用し、知性をたたえ、不確実な未来に向かって先頭に立って人々を導いていくことの重要性だ。

私たちは、このようなリーダーを支援し、応援し、最終的にはしたがうことになるだろう。彼らこそ、私たちの未来のリーダーだ。そんな彼らに、私は次のようなメッセージを送りたい。「私たちは、あなた方が先導的な役割を果たすこと、壁を越えてリーダーシップを発揮すること、倫理的な世界市民の模範となり、教育の力を示す実例となることを期待しています。遠い昔、ウィリアム・バトラー・イェーツはこう書きました。『教育とは、バケツを水でいっぱいにすることではなく、火をつけることである』。あなた方は、まさに火をつけているのです」

16

光を灯す人であれ

歴史上の人物のなかでも、私のお気に入りはエイブラハム・リンカーンだ。彼は分裂した国家に道徳的リーダーシップをもたらし、この国が血なまぐさい暴力的な時代に必要としていたリーダーとなった。彼は、コミュニケーションの力と無駄のない言葉で人を引きつけるすべを理解していた。何ページにもわたる冗長な文の代わりに、数段落におさまる短い言葉でメッセージを伝えた。彼のゲティスバーグ演説は、簡潔なコミュニケーションの最高傑作だ。

私の机の上には、額に入ったリンカーンの言葉が飾られている。

私の定めは勝つことではない

真実であることだ

成功することではない
生きることだ
私自身の光にしたがって

リンカーンの言葉には、聞く者を粛然とさせると同時に、奮起させる力がある。彼の言葉どおり、誰もが自分の光にしたがって最善を尽くさなければならない。「この小さな私の光／この光を私は輝かせよう」という歌を覚えているだろうか。私のなかでは、この歌と、私たち一人ひとりが輝きを放つという発想は、何千人もの人々と分かち合った心温まる思い出と結びついている。

数年前のこと、私は『ビジョナリーカンパニー』シリーズの著者であるジム・コリンズとともに、リーダーシップ関連の会議に招かれたことがある。主催者によれば、アトランタの会場には二万二〇〇〇人が集い、さらに世界中の大学や会議場から五万五〇〇〇人が衛星中継で参加する予定だという。ジムと私はどちらも、リーダーシップをテーマに話をしてほしいと頼まれていた。

しかし、ジムは私に電話をかけてきて、「別々に話すのではなく、一緒に対談しませんか」と言った。ジム・コリンズの提案を、私が断るはずがない。

彼は言った。「ぼくのイメージはこうです。まずは誰もいない広いステージにぼくが出ていって、第五水準のリーダー〔訳注：謙虚さと不屈の精神を併せ持ち、偉大な企業を持続させることができるリーダー〕の話をする。つづいて何人かの実例を挙げ、そのあとあなたをステージに呼びます。ぼくたちは広いステージに用意された二脚の小さな椅子に座って、一緒にリーダーシップの話をするというわけです。ぼくの質問を事前に知りたいですか？」

私は少し考えたが、質問は知らないほうがきっと自然でおもしろい対談になると考え、ノーと答えた。のちに私は、このときの自分は頭がどうかしていたのだと思うにいたったが、ともかくも、そういうことになった。

そして当日。プログラムにしたがって、ミハイル・ゴルバチョフ、ドナルド・トランプ、ケン・ブランチャードらが講演するなか、バックステージで出番を待っていると、ジムが私にささやいた。「成功を祈る」でも「あなたならうまくやれる」でもない。彼は静かな声で、こう言ったのだ。「光を灯しましょう」。その言葉は、私のなかに流れこんだ。

ついに「ジム&フランシス」の番がやって来た。私を紹介する彼の声を合図に、私は軽やかな足取りでステージへ出ていった。このとき現代のもっとも偉大なリーダーのひとりと交わした「光を灯す対話」は、私にかつて経験したことのない喜びをもたらした。その思いは、聴衆の心にも響いたのだろう。その日の来場者アンケートでは、並みいる著名な講演者たちをおさえて、ジム・コリンズのセッションがトップの評価を獲得した。
私に深い満足を与えてくれたその対話を、以下、一部編集してみなさんにも紹介しよう。

ジム・コリンズによるフランシス・ヘッセルバインへのインタビュー

ジョージア州アトランタ、リビング・リーダーシップ・カンファレンスにて（二〇〇四年一〇月二〇日）

ジム・コリンズ：一九七六年に、フランシス・ヘッセルバインがガールスカウトのCEOに就任したとき、この組織は創設以来、最大の危機を迎えていました——市場シェアは下がり、顧客の不満は募り、財政は逼迫《ひっぱく》し、敵対的買収の危険さえあった。ジョン・ブラインがビジネスウィーク誌に書いたように、「まるで企業の乗っ取り屋のように物陰に身をひそめていた」のは、ボーイスカウト米国連盟でした。彼らは会員資格を少女にも広げようと考え、そのための事前調査もはじめていました。もし、ガールスカウトに対する敵対的買収が実現していたら、どうなっていたことでしょう。

フランシスがCEOに就任したのは、ガールスカウト米国連盟の会員数が八年連続で減少していたときでした。「偉大な組織」だったガールスカウトは、単なる「良好な組織」になっていた。そこにやってきたのがフランシスです。完璧な第五水準のリーダーである彼女は、ガールスカウトの大義に燃えるような情熱を抱いていました。「私たちがここにいるのは、少女たちを強くするためです。若い少女を有能な女性に育てるためです。それが、私たちがここにいる理由です」

同時に彼女は、ある重要な問題に気づいていました。それは、自分たちのやり方が時代遅れになっているということです。かつては、少女たちが未来に備えるといえば、結婚に備えることを意味していました。ガールスカウトでも、裁縫や掃除の技能バッジを少女たちに与えていました。しかし今日の世界で、有能で自立した強い女性になるためのスキルはどうなっていたのでしょうか？　数学や会計の技能バッジは？

さらにフランシスは、白人以外の少女にも目を向けました。当時のガールスカウトは、主に白人の少女を相手にしていましたが、彼女はこう言ったのです。「私たちは社会全体を相手にしなければなりません。すべての少女を強くしなければなりません。多様な少女を受け入れなければなりません」

そのためには、どうすればいいのでしょうか。彼女は言いました。「ガールスカウトの価値観は維持しつつも、活動の内容は見直し、今日の世界にふさわしいものとします。ただし、原則はぜったいに見失いません」

彼女のリーダーシップのもとで、ガールスカウト米国連盟の会員は二二五万人に達し、主にボランティアからなるスタッフも、彼女が辞めるころには七八万人になっていました。そして一九九八年、フランシスは米国市民に与えられる最高の栄誉である大統領自由勲章を授与されました。

しかし、第五水準の特徴は、何と言ってもその人物が去ったあとでどうなるかに現われます。辞めたあとで組織が傾くようでは、第五水準のリーダーとは言えません。ヘッセルバインの場合はどうだったでしょうか。この偉大なリーダーが去ったのち、ガールスカウトの会員は四〇〇万人に増え、ボランティアは一〇〇万人に迫りました。

そして現在、彼女はリーダー・トゥ・リーダー・インスティテュートの中心的存在です。この組織のミッションは、社会で活躍する第五水準のリーダーを育てること、すべての組織でリーダーを生み出すことです。

――では、ここに彼女をお呼びし、ともに話をしたいと思います。私のヒーローのひとりであり、心から敬愛する人、フランシス・ヘッセルバイン氏です。きてくださって、とてもうれしい。きっと、彼女も同じ気持ちでしょう。

フランシス・ヘッセルバイン：ええ、私もとてもうれしいです。

コリンズ：まずお聞きしたいのですが、のんびりとした暮らしを選ぶこともできた時期に、なぜガールスカウトという重荷を引き受けられたのですか。

ヘッセルバイン：重荷？　とんでもない。ガールスカウトは世界でもっともすばらしい組織、世界でもっともすばらしい人々です。この完璧な組織が、未来に向かって人々をリードしていくことを求められていたのですよ。

コリンズ：ガールスカウトの価値観を損なうことなく、どうやって組織を現代化したのでしょう。

ヘッセルバイン：まずは、「私」ではなく「私たち」を主語にしました。ニューヨークのオフィスで椅子に座りながら、「現代的になれ」、「多様になれ」と念じても何も起きません。そんなことは無理です。変化は現場で、人々がいる場所で起こさなければなりません。私たちは現場で活動している非凡な人々とともに、ビジョンをつくりあげました。それとガールスカウトの磨き抜かれた強力なミッションとが、私たち全員に火をつけたのです。

規模は関係ありません。大きいというだけでは誰にも感銘を与えません。私たちのミッションはみな、すべての少女が自らの可能性を最大限に開花できるようにすることと結びついていました。私たちは、この組織が現在の活動をしている理由をしっかり理解していました。これが第一のステップです。私たちはビジョンとミッションのもとに人々を集結させ、強力な目標を定めました。それは全員の目標でした。

コリンズ：当時のことを調べていたら、すばらしいエピソードに行き当たりました。ニューヨーク・タイムズ紙の記者があなたをランチに誘い、このような組織のトップを務めるとはどのようなものなのかとたずねたことがあったそうですね。あなたの答えは傑作でした。まるで幼い子どもに説明するかのように、テーブルの上の料理を黙々と並べかえ、皿やフォークでいくつかの同心円をつくると、その中央を指して、こう言ったのです。「私は何かの頂点にいるわけではありません。つながりあったクモの巣の中心にいるのです」

ヘッセルバイン：そのとおりです。

コリンズ：その点について話していただけませんか。とくにトップ、ボトム、レベルといった言葉に対する考えをお聞かせください。

ヘッセルバイン：西ペンシルベニアの山あいの町に住んでいたころ、私はガールスカウトのタルスロック支部のCEOに就任しました。私にとっては、初めて経験する本格的な仕事でした。私は組織図をながめ、人々が箱のなかに押し込められているのを見て、こう思いました。「違う。これは私たちにふさわしいやり方ではない」。そこで、ジョンズタウンのわが家の台所で、テーブルの上にカップやグラスを並べて二重の同心円をつくり、その中央にリーダーを置いたのです。

私は組織から、古い階層的な言葉を追放しました。トップ、ボトム、アップ、ダウン、上司、部下といった言葉です。いったい「部下になるのが待ちきれない」などと言う人がいるでしょうか。古い階層的な言葉の使用を禁じ、人々を箱のなかから連れ出して円のなかに配置する、それは人間の精神を開放すること、人々のエネルギーを解き放つことです。

このやり方はペンシルベニアの小さな町、ジョンズタウンではうまくいきました。そこで私はニューヨークでも、サーキュラーマネジメントを試してみることにしたのです。幸い、この巨大な組織でも同じように機能しました。古い階層的な言葉を追放すると、組織は驚くほど変わりました。人々が組織のなかを自由に動きまわるようになるからです。

「その件は部下に伝えておこう」などと言ってはなりません。絶対に、です。

コリンズ：二〇〇四年の今も、「トップ」「ダウン」「〇〇に仕える」といった表現をあちこちで耳にすることには驚かされます。そう思いませんか？　似たような話はたくさんあります。私たち一人ひとりが気をつけなければなりません。私たちは無意識のうちに、自分を貶《おとし》めるような言葉を頻繁に使っているのです。

ヘッセルバイン：そうですね。もし本当にインクルージョンが重要だと思うなら、インクルージョンにふさわしい言葉を使わなければなりません。つまり「私」ではなく「私たち」です。言葉が分離を促進してきたとすれば、ものごとを統合し、一体化するような言葉を使うことで、驚くほどの変化が起きるはずです。実際、あらゆるレベルにリーダーがあらわれます。

コリンズ：プレゼンテーションの途中でもコメントしましたが、あなたにとくに聞いてみたかったことがあります。それは、あなたがリーダーとして果たしてきた役割は、立法機関のそれに近いのではないかというものです。

あなたは絶対的な執行権なしに、人々をリードしなければなりませんでした。CEOにできるのは決定を下すことだけですが、ほとんどの場合、その決定はリーダーシップではなく、力によって実行されています。あなたのように、絶対的権限を持たずに正しい決定を実行するためには、どうすればいいのでしょうか。

ヘッセルバイン：ミッションの力、共通の価値観の力、言葉の力を使うのです。命令するのではなく、共有するのです。活力を失っている従業員に、「これが今日の命令だ。さあやれ」と命じても成果は期待できません。仕事というのは共同作業です。全員が自分にかかわる意思決定に参加できるようになれば、人々の生産性はがぜん高まります。

かつてピーター・ドラッカーは、「今日の企業は、ボランティアをリードしているソーシャルセクターから、知識労働者をリードする方法を学ばなければならなくなるだろう」と言いました。そう、シンプルなことです。

コリンズ：興味深い指摘ですね。私たちは、ソーシャルセクターは企業から優秀なリーダーを引き抜いてくる必要があると考えがちです。でも、それは逆なのかもしれない。企業はますます複雑になっていますが、ソーシャルセクターの人々はすでに、こうした複雑さを管理し、力を使わずにリードする方法を身につけているのですから。

私たちの研究では、第五水準のリーダーは独特の規律にしたがっていることがわかっています。ふつうは規律というと、何かをすることだと考えますね。でも真の規律は「することリスト」のなかには見つかりません。それは「するのをやめることリスト」をつくること、すべきでないことを知ることのなかにある。それが規律です。ほとんどの人は、忙しいけれど規律のない生活を送っています。

あなたは昔から、「するのをやめることリスト」や「すべきでないことリスト」を巧みに活用しておられました。そこでお聞きしたいのですが、誰かがあなたやあなたの組織に「よいこと」をするよう求めてきたとき、でもそれが「正しいこと」ではなかった場合、どうすれば角を立てずに断れるのでしょうか。

ヘッセルバイン：ミッションに集中していれば、問うべき質問はひとつしかありません。「これをすることはミッションの追求に役立つか」です。その答えが「ノー」か「もしかしたら」なら、「本当にありがたいけれど、今はこれこれに集中しなければなりません。ご提案には感謝します」という趣旨のことを、できるかぎり感じよく伝える方法を見つければいいのです。

コリンズ：リーダーシップにおけるあなたの第一原則は、「リーダーとは何よりもまず〝何者であるか〟である」でしたね。

ヘッセルバイン：どうあるか、です。

コリンズ：一番大事なのは「何をするか」ではない、と。ヘッセルバイン流「リーダーシップの法則」をわかりやすく説明していただけますか。

ヘッセルバイン：ええ、よろこんで。私たちはみな、自分自身の言葉でリーダーシップを定義しなければなりません。そう私は信じています。私自身、ピーター・ドラッカーやウォレン・ベニスの言葉をいつまでも引用していることはできませんでした。そして長い、ある意味では苦しい内省の末に、ついに私なりの定義が見つかりました。それが「リーダーシップとは、どうやるかではなく、どうあるかの問題である」です。

あなたも私も、人生の大部分をどうやるかを学び、それを他者に教えることに費やしています。でも一方では、最終的にパフォーマンスと成果を決めるのはリーダーの資質と人格であることを知っています。これは二五年にわたって私を導いてきた定義です。変えるべき理由は、まだ一度も見つかっていません。

コリンズ：以前、あなたに言われて忘れられない言葉があります。それは、「リーダーが組織に与えられる最高の贈り物は去り方である」です。この言葉についても説明していただけますか。

ヘッセルバイン：わかりました。思うに、私たちは仕事をはじめたその日から、その仕事をいつ、どのように辞めるかを考えはじめるのではないでしょうか。それは、私たち自身の問題というより、その組織、機関、あるいは企業を、最初に出会ったときよりもさらによくするための方法とかかわっています。これは外に向かって発表する類のものではありません。とても主観的で、個人的なものです。

誰にでも、自分が考える組織のゴールがあります。この並外れたすばらしい組織に、達成してほしいと望んでいるものです。あなたはそれに挑戦しつづける。絶対に方針を変えないという意味ではありません。

私自身、この仕事を引き受けたときは三年程度で辞めるつもりでしたが、結局は一三年もつづけることになりました。でも私はいつも、「この組織にとって、いつが最高の去りどきか」を考えていました。そして一九八九年一月三一日、ついに連盟本部の理事会とスタッフにこう言ったのです。「今日からきっかり一年後に、私はこの組織を去るつもりです。米国史上、もっともすばらしいリーダー交代の例を、模範となる先例を、ともにつくっていきましょう」と。

それから私たちは、四段階からなる移行モデルを開発しました。これは私ひとりの進退問題ではなく、全員の問題でした。まさにリーダー交代にささげられた一年でした。米国連盟CEOとしてすごした一三年間のなかでも、この最後の年ほど活力に満ちていた年はありません。本当は、どのリーダーもそう言えるべきなのです。

しかし現実を見れば、米国の企業はもちろん、公的セクターやソーシャルセクターさえ、去るべき時期と方法を理解していないリーダーであふれています。つまり、これはリーダーシップの緊急課題なのです。

コリンズ：概して、リーダーは辞めるのが早すぎるのでしょうか、それとも役に立たなくなるまで居座っているのでしょうか。

ヘッセルバイン：ほとんどの人は、長居しすぎていると思います。

コリンズ：今、あなたが率いておられるリーダー・トゥ・リーダー・インスティテュートについても、ご自身が辞めたあとの方向性をすでに考えておられることと思います。この組織のミッションは何ですか。この組織は世界をどのように改善してくれるのでしょうか。

ヘッセルバイン：私たちのミッションステートメントは短く、そして強力です。ピーター・ドラッカーを知ってなお、Tシャツにおさまらないミッションステートメントを考えることなどありえません。私たちのミッションは、「ソーシャルセクターのリーダーシップを強化する」です。でも私は、このミッションにこっそりとひと言つけ加えています。

「……そして企業や政府機関のリーダーシップも」と。いずれにしても、ここではリーダーシップがすべての中心です。ソーシャルセクターという重要なセクターのリーダーシップを強化するには、どうすればいいのか？　ソーシャルセクターは、企業や政府に従属する存在ではありません。欠くべからざるパートナーです。私たちはソーシャルセクターのリーダーシップを強化する方法を見つけなければなりません。ピーターが述べているように、「社会を救う可能性を秘めているのは企業でも政府でもなく、ソーシャルセクターである」からです。

コリンズ：それを見届けるまで生きていられるかどうかはわかりませんが、何十年か後にはきっと、リーダー・トゥ・リーダー・インスティテュートはすぐれた第五水準のリーダーをどこよりも多く輩出した組織として認知されるようになるでしょう。すばらしい貢献です。

ヘッセルバイン：ありがとう。

コリンズ：最後にもうひとつ。フランシス、あなたと話をしていると、いつも心が浮き立ってきます。あなたがエネルギーと情熱を与えてくれるからです。あなたは人生にも仕事にも生き生きと取り組んでおられる。それは周囲にも伝染します。あなたは決してくじけない。まるで枯れることのない泉です。その底なしの情熱、たゆまぬ自己革新の秘訣をぜひ教えてください。

ヘッセルバイン：客席を見てください。たくさんの方がおられますね。ともに仕事をしている人々が、私にエネルギーをくれるのです。私は自分の時間の三分の一をカレッジや大学のキャンパスで、もう三分の一を企業で、残る三分の一を非営利組織で過ごしています。このほかに、ウェストポイントのための時間も用意しています。こんな具合ですから、先週はニュージーランドで企業のリーダーとすごし、今日はみなさんとすごしたとしても何の問題もない。人々が与えてくれるエネルギーが、私を前へ前へと押し出してくれるのです。まるで魔法のように。言葉で説明するのはむずかしいですね。でも一八時間も飛行機に乗っていたら、ふつうはニュージーランドに着くころにはくたくたになっているでしょう？

コリンズ：そのはずですね。でも、まったく疲れていない！

ヘッセルバイン：ええ、まったく。すばらしい人たちが一緒にいてくれるからです。このことは、あなたも指摘しておられましたね。あなたは学びの途中、私も学びの途中です。そして世界には、この会場に集っておられるみなさんのように、たくさんのすばらしい人たちがいます。私たちはともに学んでいるのです。私はたえず彼らからエネルギーをもらっています。ですから外に出ていって、与えられたエネルギーを使わなければならないのです。

コリンズ：私にはジョン・ガードナーというすばらしい教師、メンターがいました。彼のことは、あなたもご存じですね。仕事をはじめたばかりのころ、彼はこう言って私を戒めました。「コリンズ君、君は人の関心を引くことに時間を使いすぎているようだ」

ヘッセルバイン：ジョンらしいわ。

コリンズ：ええ。「なぜもっと多くの時間を、関心を持つことに使わないのかね」と。今ふと思ったのですが、あなたはまさにそのお手本です。

さて、そろそろ時間です。あなたをお迎えできて本当によかった。あなたとは、これからもずっと話をしていくことになりそうですね。

ヘッセルバイン：ええ、いつまでも。

この数週間後、私はカンザスシティで開かれたミリタリー・チャイルド・エデュケーション・コアリションの年次会合で話をした。キャッチフレーズは「子どものために、世界のために」。会場には、世界各地の学校で学ぶ一八〇万人の軍人の子どもたちの福祉と教育を改善するために、九〇〇〇人の軍当局者とその配偶者が集まっていた。私は毎年この会合に参加しているが、この年は基調講演を頼まれていた。

講演が終わると、温かい拍手と長いスタンディングオベーションが起きた。私はいつものように一礼し、演台から降りようとした。と、そのとき、エリック・シンセキ将軍の妻パティが隣に来て、私のひじを取り、「動かないで」とささやいた。そして、私のプレゼンテーションに感謝の言葉を述べるとこうつづけた。「あなたは光を灯してくださいました」

その言葉が合図だったのだろう。照明が一気に落ち、大きな講堂はまっ暗になった。それに合わせて音楽が次第に大きくなっていき、「この小さな私の光／この光を私は輝かせよう……」という歌が聞こえてきた。見ると、会場いっぱいに九〇〇本のペンライトが灯り、その光が美しい円を描きながら暗やみを照らしだすように揺れていた。

パティと私はその場に立ちつくした。私は言葉を失い、ただ何度も頭を下げたあと、ようやくこう言った。「心から、みなさんに感謝します」。いまだかつて、これほど感動的な贈り物を受け取ったことはない。

そのときのペンライトは、今も私の机の上に置かれている。偉大なリーダーであり、大切な友人であるジム・コリンズとの思い出として。すばらしい聴衆が、「光を灯す」ことを自分のものとしてくれた夜の思い出として。

そして今、私はふたたび、リンカーン大統領の言葉に思いを馳せる。

私の定めは勝つことではない
真実であることだ
成功することではない
生きることだ
私自身の光にしたがって

あなたらしく導《みちび》きなさい
愛《あい》されるリーダーの生《い》き方《かた》、愉《たの》しみ方《かた》

2013年５月29日　初版第１刷発行

著者 フランシス・ヘッセルバイン

訳者 伊東奈美子《いとうなみこ》

装幀 重原 隆

編集協力 藤井久美子

印刷 中央精版印刷株式会社

用紙 中庄株式会社

発行所 有限会社海と月社
〒151-0051　東京都渋谷区千駄ヶ谷2-10-5-203
電話03-6438-9541　FAX03-6438-9542
http://www.umitotsuki.co.jp

ISBN978-4-903212-42-5